广州注册会计师协会
Guangzhou Institute of Certified Public Accountants

广州注册会计师行业发展报告 2017

《广州注册会计师行业发展报告》编写组 编
主编：朱 滔 陈锦棋

暨南大學出版社
JINAN UNIVERSITY PRESS
中国·广州

图书在版编目（CIP）数据

广州注册会计师行业发展报告．2017 /《广州注册会计师行业发展报告》编写组编．—广州：暨南大学出版社，2018.11
ISBN 978-7-5668-2524-7

Ⅰ.①广…　Ⅱ.①广…　Ⅲ.①注册会计师业—研究报告—广州—2017
Ⅳ.①F233.2

中国版本图书馆 CIP 数据核字（2018）第 261379 号

广州注册会计师行业发展报告（2017）
GUANGZHOU ZHUCE KUAIJISHI HANGYE FAZHAN BAOGAO（2017）
编　者：《广州注册会计师行业发展报告》编写组

出 版 人： 徐义雄
责任编辑： 暨　南　周玉宏　陈俞潼
责任校对： 林　琼
责任印制： 汤慧君　周一丹

出版发行： 暨南大学出版社（510630）
电　　话： 总编室（8620）85221601
营销部（8620）85225284　85228291　85228292（邮购）
传　　真：（8620）85221583（办公室）　85223774（营销部）
网　　址： http: //www.jnupress.com
排　　版： 广州尚文数码科技有限公司
印　　刷： 深圳市新联美术印刷有限公司
开　　本： 787mm × 1092mm　1/16
印　　张： 9.75
字　　数： 142 千
版　　次： 2018 年 11 月第 1 版
印　　次： 2018 年 11 月第 1 次
定　　价： 48.00 元

（暨大版图书如有印装质量问题，请与出版社总编室联系调换）

2004 年全国先进民间组织

2005 年全省先进民间组织

2007 年 8 月，广州地区会计师事务所签订《广州注册会计师行业诚信自律公约》

2013 年 1 月 1 日，会员管理系统与业务实时报备系统升级整合，广州注册会计师电子报告系统全面运行

2016 年 12 月，中共广州市注册会计师协会行业委员会批准成立普华永道中天会计师事务所广州分所基层党委

2016 年 10 月 26 日，广州市委常委、市委统战部部长卢一先同志到广州注册会计师协会进行调研

2016 年 11 月 29 日，广州市新的社会阶层人士联谊会注册会计师行业分会成立并揭牌

2016 年，成功推选一名市级党代表、两名市级政协委员及三名市级人大代表

序

《国家中长期教育改革和发展规划纲要（2010—2020 年）》明确指出高等教育要全面提升人才培养、科学研究和社会服务的整体水平，大学应当牢固树立为社会服务的意识，积极参与决策咨询，发挥好“智囊团”“思想库”的作用，增强社会服务能力。顺应时代发展，响应教育发展规划纲要的要求，暨南大学作为国家“211 工程”重点建设综合性大学和“双一流”世界一流学科建设高校，始终坚持人才培养、科学研究和社会服务“三位一体”的发展之路。

暨南大学会计学科于 1925 年由中国现代会计学宗师潘序伦博士创立，有着悠久的历史和深厚的底蕴。经过几代会计人的共同努力，迄今，暨南大学会计学科已经成长为师资力量雄厚、科研成果突出、社会辐射力强的优势学科。暨南大学管理学院会计学系拥有会计学国家级教学团队和多名财政部会计名家。2018 年，该系教师团队荣获“黄大年式教师团队”称号。暨南大学会计学科一贯重视专家智库作用的发挥，与包括广州注册会计师协会在内的社会各界保持紧密联系，维持长期友好的合作关系。2015 年，由广州注册会计师协会和暨南大学教育发展基金会联合发起，通过捐赠出资方式，在暨南大学管理学院会计学系设立“广州注册会计师（CPA）讲座教授”基金，创立了学校与行业协会共建常设型、开放型学术交流平台的新模式。2017 年，广州注册会计师协会推荐多名行业实务专家担任暨南大学会计硕士、审计硕士校外实践导师。2018 年，“广州注册会计师行业协会高端人才培养项目”落户暨南大学会计学系，项目沿用全国（广东省）会计师行业领军人才的培养模式，整合多方优势资源，共同致力于广州注册会计师行业领军人才的培养。

《广州注册会计师行业发展报告（2017）》[以下简称《行业发展报告（2017）》]是暨南大学管理学院会计学系、MPAcc 教育中心和广州注册会计师协会合作的成果，也是践行“产—学—研—政”协同育人平台建设的重要成果。据笔者所知，项目从 2017 年 5 月开始启动，历时一年多，在广州注册会计师行业实务专家和暨南大学专家团队的共同努力下，广泛征集行业内外专业人士的意见和建议，通过调研、座谈、访谈、问卷调查等方式，经多次讨论与论证，数易其稿，最终形成了《行业发展报告（2017）》。

《行业发展报告（2017）》从广州注册会计师行业发展的大局出发，首次全景式地展现了近五年（2013—2017 年）来广州地区注册会计师行业的发展状况，展示了广州注册会计师行业对地区经济发展的重要贡献，分析、总结了行业近年来的发展规律，探索了行业面临的机遇与挑战，展望了行业未来的发展。该报告是全面了解广州注册会计师行业的一扇门，对其实践工作具有重要的参考价值和指导意义。

鉴证业务是注册会计师行业安身立命的根本，它有力地保障了高质量经济信息的供给。注册会计师行业作为信息中介的独特定位，意味着行业对（地区）经济发展的贡献不仅仅局限于行业自身的发展，更为重要的是，行业服务为政府职能转变、诚信社会建设、市场资源配置、产业转型升级、企事业单位降本增效提供了基础性、制度性的保障，行业发展的辐射作用巨大，战略平台意义重大。《行业发展报告（2017）》充分展示了广州注册会计师行业近几年来的蓬勃发展，和对地区经济发展所做的巨大贡献。广州注册会计师行业积极响应政府购买服务，完善国家经济监督体系；提供高质量经济信息，保障资本市场健康发展；发挥专业技术优势，助力供给侧改革深化；发挥专业智库作用，形成全面开放新格局；协助社会治理创新，推进共建共治共享；重视行业人才培养，输出高端专业人才。

进入新时代，一方面，粤港澳大湾区建设、“一带一路”开放新格局、企业转型升级、创新发展和政府职能转变等为广州注册会计师行业的发展提供了广阔空间，也为继续深化会计人才培养提供了机遇；另一方面，信息技术的快速发展，大数据、人工智能、区块链等技术可能给注册会计师行业带来颠覆式的影响，使其面临前所有未有的挑战。注册会计师行业的发展对会计人才的素质、知识和能力提出了全新要求，迫切需要我们与时俱进，开拓创新，改革现有的会计人才培养模式，重塑人才培养内容。在此，笔者也希望政府能够继续重视会计人才在社会中的重要作用，深化对注册会计师行业辐射作用、战略平台意义的认识，为会计人才培养、会计行业发展营造更加良好的氛围。

在21世纪，为实现中华民族的伟大复兴，我们将不忘初心，牢记使命，以习近平新时代中国特色社会主义思想为指导，积极服务国家和地区经济社会发展的重大需求，服务国家科教兴国和创新驱动的发展战略，为实现“两个一百年”的“中国梦”而努力奋斗！

是为序。

宋献中

2018年7月于暨南大学

锐意进取，追求卓越
Forge ahead, the pursuit of excellence

目 录 Contents

广州注册会计师行业发展总报告

注册会计师行业是以专业化、职业化和国际化为特点，运用专业特长，对企事业单位及其他组织的会计信息进行鉴证，并提供会计、税务、管理咨询等商务服务的现代服务业。广州地区注册会计师行业沐浴着改革开放的阳光，在各级党委和财政部门的领导下，行业从小到大，几度跨越，不断成长，大胆创新，取得了长足发展。1981 年，广州地区第一家会计师事务所成立；1995 年，广州注册会计师协会（简称“广州注协”）成立。截至 2017 年底，广州地区的会计师事务所（含分所，下同）发展到 223 家，执业注册会计师（简称“执业注师”）近 3 400 人，行业从业人员近 1.2 万人，2017 年全年行业的业务收入合计近 36 亿元。广州地区注册会计师行业始终坚持以服务国家建设为主题，以诚信建设为主线，本着独立、客观、公正的职业精神，向政府、企事业单位和社会提供高质量的经济信息，大大提高了经济信息特别是会计信息的透明度和可信度，对维护市场秩序和经济金融稳定、优化资源配置具有重要的促进和保障作用，是国家经济监督体系的重要组成部分，在经济政治生活中承担着不可替代的重任。

一、发挥专业特长优势，服务地方经济发展

在十八大、十九大精神和习近平新时代中国特色社会主义思想指引下，近年来，广州地区注册会计师行业加速发展，取得了前所未有的成就。仅 2017 年，广州地区会计师事务所出具各类专业报告 12 万余份，服务的客户数量超过 52 000 户，客户的资产总额合计近 19 万亿元、营业收入合计近 5 万亿元，为广州地区的经济发展做出了重要贡献。

（一）积极响应政府购买服务，完善国家经济监督体系

2017 年，广州地区会计师事务所提供政府采购服务 600 余项，涉及金额合计超过 1 200 亿元，有效弥补国家（政府）审计力量的不足，促进国家经济监督体系的完善；服务国有企业（集团）近 3 600 家，资产总额合计超过 4.3 万亿元，营业收入超过 1.3 万亿元，服务范围几乎覆盖广州市的国有企业，有力地监督和保障国有资产的保值增值；提供与财政相关的服务超过 800 项，对财政资金的使用形成有力监督，增加公共支出透明度，提高财政资金使用效益。

（二）提供高质量经济信息，保障资本市场健康发展

截至 2017 年 12 月，广州市共有上市公司 133 家。2017 年，广州地区会计师事务所为广州市及其他地区的 123 家上市公司提供了近 1 300 项服务，其中，为 10 余家 A 股上市公司的重大资产重组提供服务，为近 40 家 A 股上市公司的股权和债券融资提供服务，对广州市的上市公司服务覆盖率约为 92%。此外，还为近 800 家新三板公司提供审计、融资等相关服务。

（三）发挥专业技术优势，助力供给侧改革深化

2017 年，广州地区会计师事务所为各类型企业、事业单位等出具报告 12 万余份，包括审计报告、内部控制评价相关报告、会计咨询报告和税务代理报告等，为企业提供对决策有用的信息，帮助企业提升战略规划、优化内部管理、提高成本控制能力、更新技术、改造业务和技术流程，助力企业转型升级，为国家完成“三去一降一补”（即去产能、去库存、去杠杆、降成本、补短板）重点任务提供高质量的专业服务；为高新技术企业提供专项审计服务超过 11 000 项，协助众多高新技术企业获得政策支持，促进企业快速发展；承接各级国有资产监督管理委员会（简称“国资委”）和政府机构委托的项目 600 余项，为政府部门的战略布局提供决策支持。

（四）发挥专业智库作用，形成全面开放新格局

截至2017年，广州地区会计师事务所的业务已经遍布全省乃至全国，全面覆盖粤港澳大湾区城市群——广州、深圳、珠海、佛山、中山、东莞、肇庆、江门和惠州九市，并将业务范围扩展到了香港和澳门地区。2017年广州地区会计师事务所为粤港澳大湾区的八市（除广州之外）共出具超过1.7万份报告，为40余家注册地在香港或澳门的公司提供专业服务，有力地支持粤港澳大湾区的建设；响应国家“一带一路”倡议，实现“走出去”和国际化布局，广州地区会计师事务所的国外业务已扩展到美国、英国、法国、德国、新加坡、老挝、柬埔寨、刚果、尼日利亚等国家和地区。2017年，广州地区会计师事务所为外国企业（含代表处）出具报告近1 000份，为外商投资企业出具超过1.2万份报告；为支持广州金融中心建设，2017年，广州地区会计师事务所为金融企业出具800余份报告。

（五）协助社会治理创新，推进共建共治共享

2017年，广州地区会计师事务所出具经济责任鉴证、政府投资工程鉴证、工程造价鉴证、财政项目鉴证和专项扶贫资金使用鉴证等报告1 500余份，对权力运行发挥了重要的监督作用，有力遏制了贪腐的发生，保障廉洁广州的建设；为各种类型慈善组织出具了近500份报告，有力保障社会组织的健康发展；广泛参与地区经济案件的司法鉴定，完成司法会计鉴定近500份，维护司法公正，净化社会风气。

（六）重视行业人才培养，输出高端专业人才

注册会计师行业是提供智力服务的高端服务业，人才是行业的核心资源。行业高度重视人才培养，建立了较为完备的人才储备和培训体系。迄今，行业已经建立面向一般从业人员、注册会计师和行业领军人才的三层次人才培养体系。一方面，在广州注册会计师协会的精心组织下，近五年来，广州地区有超过16万人参加了注册会计师全国统一专业阶段考试，其中，2017年有近4.5万人参加了该考试，报考科目数累计超过12万科次。报考注册会计师

全国统一考试的热情高涨，反映出社会对于注册会计师证书的高度认可。参考人员在备考过程中专业知识的提升，加之在行业工作中经验的积累，为其专业胜任能力提供有力保障，为注册会计师行业源源不断地“输血”。另一方面，据不完全统计，广州地区注册会计师行业一年有近 2 400 名从业人员离开会计师事务所进入其他行业，将专业化、职业化和国际化的职业特点广泛传播，行业人才的有序流动缓解了地方经济发展过程中财会专门人才的短缺，帮助大中型企业做优做强、中小微企业加快成长，产生显著的人才溢出效应。

二、行业监管常态化，执业质量、诚信水平稳步提升

首先，经过多年的发展，行业监管已经步入常态化，按照中国注册会计师协会（简称“中注协”）五年一循环的要求，每年按 20% 的抽查率对广州地区会计师事务所开展严格的执业质量检查。2013 年至 2017 年对广州地区会计师事务所进行了全面检查，对个别违规行为进行了惩戒，起到了很好的警示作用，有力保障了会计师事务所的执业质量。行业一直牢牢抓住诚信建设这一主线，打造诚信自律公约品牌，不断扩大行业诚信自律的知名度。其次，行业诚信自律公约自 2007 年自愿签署以来，有效地改善了执业环境，行业诚信水平稳步提升。截至 2017 年底，广州地区有 172 家会计师事务所自愿签署诚信自律公约，签约率达到 77%。为了保障监管的常态化，行业协会每一年都会采用问卷调查、现场座谈等多种手段和方式，掌握诚信自律签约单位的执行情况，了解非签约单位的动态，以及对诚信自律签约单位的看法，找出不足，持续改进。再次，行业积极探索新的监督模式，完善行业自律管理体制。从 2017 年起，诚信自律公约履约单位在《广州日报》、《经济导报》、广东省注册会计师协会（简称“省注协”）、广州注册会计师协会和广州市财政局官网上进行公告，接受来自社会各界的监督，充分展现了行业诚信建设的决心和勇于接受社会监督的勇气。这些举措都有力地保障了行业的诚信水平，坚守住了支撑行业持续发展的生命线。

三、行业收入快速增长，收入结构持续优化

2013—2017 年，行业收入不断增长，除 2014 年受商事制度改革和“放

管服”政策调整的影响增长较慢外，其余年份均增长明显。2017 年，广州注册会计师行业实现业务收入近 36 亿元，较 2013 年增长超过 11 亿元，年均增长近 10%，领先近五年全国年均 GDP 增速（7.3%）近 2.7 百分点。但相较而言，广州地区注册会计师行业的收入占地区经济总量的比重明显低于北京、上海等其他一线城市，行业发展仍具有广阔的潜在空间。

从业务收入结构来看，鉴证业务仍是行业收入的主要来源，但非鉴证业务快速增长，收入结构持续优化。鉴证业务主要包括年报审计和专项审计两类，专项审计包括清产核资、清算审计、外汇审计、验资、高新技术企业认定高新技术产品（服务）收入专项审计、高新技术企业认定研发费用专项审计和经济责任审计等。近五年来，年报审计收入稳中有升，年报审计占比从 2012 年的 69.51% 增加至 2017 年的 74.24%。专项审计受国家政策导向影响明显，以高新技术企业认定专项审计为例，2016 年，科技部、财政部、国家税务总局印发修订后的《高新技术企业认定管理办法》，加大对高新技术企业的支持力度，随之，高新技术企业认定高新技术产品（服务）收入专项审计、高新技术企业认定研发费用专项审计收入迅速增加。2017 年，上述两项高新技术企业相关的专项审计收入近 7 000 万元，同比增长超过 115%，占全部专项审计收入超过 10%，成为专项审计业务收入最重要的来源。高新技术企业认定专项审计业务的快速增加，充分体现了广州注册会计师行业紧扣政策、灵活调整业务范围的能力；而非鉴证业务的快速增长，主要得益于会计咨询业务的增加。可以预期，随着供给侧结构性改革的深化、“一带一路”倡议和粤港澳大湾区建设的推进，社会对咨询服务的需求将更加旺盛，非鉴证业务拥有广阔的发展前景。

四、行业会计师事务所错位竞争、融合发展

为了便于分析，将广州地区会计师事务所（含分所）划分为三类①：国际“四大”所（普华永道、德勤、毕马威、安永四大国际会计师事务所，简称“四大所”）、收入规模近年来稳定在 1 亿元以上的本地内资大型会计师事务

① 分类仅仅是为了统一统计口径，以方便分析和行文。后文中将沿用上述分类。

所（简称“本地大所”），以及其他本地内资会计师事务所（简称“其他本地所”）。

从收入规模来看，2013 年，广州地区会计师事务所年收入总额 24.56 亿元，其中，四大所的年收入总额为 8.44 亿元，占比 34.36%；三家本地大所收入总额为 2.97 亿元，占比 12.09%；其他本地所收入总额为 13.15 亿元，占比 53.54%。2017 年，广州地区会计师事务所年收入总额增长到 35.93 亿元，其中，四大所的年收入总额为 10.63 亿元，占比 29.59%；三家本地大所收入总额 7.79 亿元，占比 21.68%，两者合计占比 51.27%；其他本地所收入合计 17.51 亿元，占比 48.73%。

从业务收入增长趋势来看，会计师事务所平均收入（简称“所均收入”）能更清楚地反映会计师事务所收入的增长情况，本地大所从 2013 年的所均收入 0.99 亿元增至 2017 年的所均收入 2.60 亿元，年均增长率高达 27.30%；而四大所在 2013 年的所均收入为 2.11 亿元，到 2017 年所均收入为 2.66 亿元，年均增长率为 5.96%；其他本地所的所均收入从 2013 年的 612 万元增加到 2017 年的 811 万元，年均增长率为 7.30%。

结合收入规模和增长趋势来看，五年来，四大所和其他本地所收入平稳增长。本地大所收入保持快速增长，发展势头强劲，收入占比逐年增长，收入的总规模、所均收入等指标与四大所的差距逐年缩小。

从拥有的注册会计师人数看，广州地区会计师事务所拥有执业注册会计师总人数为 3 388 人，其中，四大所拥有 308 人，占比 9.09%，所均注册会计师人数约为 77 人；本地大所拥有 365 人，占比 10.77%，所均注册会计师人数约为 122 人；其他本地所拥有 2 715 人，占比 80.14%，所均注册会计师人数约为 13 人。注册会计师的分布在不同规模事务所中存在明显差异。

从业务结构来看，三类会计师事务所在业务结构上呈现多层次、多元化态势。2017 年，其他本地所专项审计业务收入占总收入的 29.81%，法定审计业务收入占总收入的 69.61%，而本地大所和四大所的专项审计业务收入占总收入的比重分别为 20.70% 和 5%。不同的会计师事务所业务类型和客户对象存在明显差异，其他本地所增长最快的业务是与政策密切相关的各类专项审计业务；四大所则凭借良好口碑，承接了多数知名企业和上市公司的年报审计业务，业务收费相对较高，同时大力发展咨询业务；而本地大所则在传统年报审计、专项审计方面齐头并进。因此，不同类型会计师事务所之间错位竞争，呈现出多层次、多元化的市场结构。

在中国经济崛起、区域经济发展面临重大利好（比如粤港澳大湾区建设）的背景下，不同类型会计师事务所将面临不同的机遇与挑战。四大所早已开始广泛布局管理咨询等非鉴证业务，传统审计业务增长缓慢，占比持续下降。本地大所在守住传统年报审计业务的同时，密切关注国家政策导向，不断加大对专项审计业务的投入，业务收入增长势头强劲。在未来，本地大所应积极向国际四大所靠拢，着手布局咨询业务，广泛参与区域经济建设，做大做强。而其他本地所则需要继续紧跟国家政策方向，凝聚专业发展方向，做精做专。整个行业继续保持不同类型的会计师事务所错位竞争、融合发展的局面。

五、行业从业人员稳步增长，执业注师结构持续优化

近五年来，行业从业人员稳步增长，截至 2017 年，行业从业人员近 1.2 万人，相较于 2013 年增长近 10%，行业发展态势良好。执业注师人数是行业发展和专业水平的集中体现。2013—2017 年，广州地区执业注师人数保持稳中有升，人数从 2013 年的 3 066 人增加到 2017 年的 3 388 人。从执业注师的年龄结构看，以 40 岁以上的青、中年为主，2017 年占比为 64.4%；但从发展趋势来看，40 岁及 40 岁以下的年轻执业注师比例稳步上升，从 2013 年占比 25.64% 上升到了 2017 年的 35.6%，年龄结构持续优化。从执业注师的学历结构看，研究生和本科学历占比逐年上升，2017 年，占比达到 72.19%，其中研究生学历占比 8.53%，本科学历占比 63.66%，专科和高中及以下学历的注册会计师占比逐年下降，学历结构持续优化，但研究生及以上学历的注册会计师数量仍有提升空间。从执业注师的执龄结构看，2012—2016 年，执龄 1~3 年的执业注师人数增长最快，从 17 人增加到 516 人，年均复合增长率达到 135%；执龄 7~10 年及 10 年以上的执业注师人数增长缓慢，2012—2016 年的年均复合增长率分别为 4.03% 和 2.38%。

行业从业人员和执业注师人数的逐年增加，执业注师年龄结构、学历

结构和执龄结构的持续优化，显示出广州注册会计师行业随着地区经济的发展，行业随之不断壮大，行业发展前景光明，吸引着越来越多年轻的、高学历的新鲜力量加入，行业的发展充满活力。

六、行业人才专业化、职业化和国际化水平稳步提高

夯实培育基础，搭建人才培养体系。行业以注册会计师胜任能力体系为基础，紧密结合时下新知识和新趋势，探索形成了面向行业一般从业人员、注册会计师和行业领军人才的三层次人才培养体系。此外，还将非执业会员也逐步纳入行业人才建设体系。2013—2017 年，广州注册会计师行业共举办 47 期培训班，参加培训的成员涵盖了执业会员（即执业注师）和非执业会员，通过培训提高了行业人才的专业能力和综合素质。其中，2017 年共举办各种面授课程、专题讲座、行业讲坛和远程培训班等共 12 期，近 3 000 人参加了培训。举办非执业会员热点分享会暨迎新年晚宴等活动，得到了非执业会员的热烈欢迎和高度评价。

开展境外高端培训，开阔国际视野。举办高端培训，组织行业精英赴英国、美国和加拿大等国家进行访问、学习，真正走进国外名校的课堂和著名机构，面对面与国外的专家学者、企业家交流和学习，培养和造就一批精通业务、善于管理、熟悉国际惯例、具有国际化视野和战略思维的高素质、复合型会计领军人才。

持续开展企业参访活动，加强与企业交流。邀请主流行业的知名企业和机构的高管代表、业内专家为行业从业人员讲解和分享具体的业务前沿动态，进行深入交流与切磋，提升本地注册会计师的数字化、国际化、共享化和智能化能力。2017 年广州注册会计师协会与 ACCA（特许公认会计师协会）共同举办了行业精英拓展培训班，先后参观访问了深圳证券交易所、中兴通讯和腾讯微信总部，并与业内专家和企业代表进行深入交流。

探索模式创新，深化学界与业界的合作。2015 年，广州注册会计师行业以在暨南大学设立“广州注册会计师（CPA）讲座教授”基金的方式，开创了开放型、常设型的学术交流平台。2017 年，广州注册会计师（CPA）讲座教授、香港大学首席金融教授林晨为广州地区 180 多家会计师事务所做了题

为“人工智能在金融以及财务方面的应用以及展望”的主题报告。此外，行业协会还联合广东省科学技术厅举办高新技术企业认定专项审计专题讲座和行业讲坛，举办多场个人所得税税制改革和新三板专题讲座，组织部分业务骨干前往上海国家会计学院进行培训。

七、行业党建全覆盖，积极参政议政做贡献

广州注册会计师行业现有会计师事务所 223 家，基层党组织 63 个，中共党员 1 410 人，其中，拥有中国注册会计师执业资格的党员 736 人。行业党委始终将政治建设摆在首位，第一，以习近平新时代中国特色社会主义思想为统领，强化政治思想建设。扎实推进党风建设，促进行业诚信自律，开展廉洁教育，引导行业诚信执业，以新的思想引领行业健康发展。在行业党委的精心部署下，行业不断创新形式，结合行业实际深入学习贯彻党的十八大、十九大精神，2017 年，培训行业党务工作者和事务所党员骨干 1 400 余人次。第二，以提升组织力为重点，加强行业党组织建设。行业党委带头落实党建工作责任制，定期向市财政局党组汇报党建工作，创新党建活动，不断健全党建工作机制，持续加强会计师事务所党组织规范化建设。第三，以统战、群团工作为抓手，带领行业广大从业人员服务大局。行业党委把统战工作纳入党委重要议事日程，认真谋划部署，建立健全行业统战工作联席会议和沟通协作机制，成立广州市新的社会阶层人士联谊会注册会计师行业分会，开辟了新形势下注册会计师专业服务工作者的新领域，对激发党外知识分子的诚信自律和创新精神起到极大的促进作用。积极搭建参政议政平台，为行业的发展营造良好环境。在各级统战部、财政部门党组的关心重视下，行业积极推荐优秀人士进入人大、政协等，为国家、地区发展献计献策。截至 2018 年 6 月，行业有 1 名市党代表、3 名市人大代表、2 名市政协委员、1 名省人大代表、1 名省政协委员和 2 名全国政协委员。第四，以科学发展为目的，推动行业高质量发展。行业党委始终坚持“党建与业务相结合、贯彻与创新相结合、面上与重点相结合、当前与长远相结合”的原则，根据注册会计师行业党组织的职责和任务，经常性宣传贯彻党和国家的路线、方针和政策，有针对性地开展多项党风廉洁建设与行业诚信自律紧密结合的活动，狠

抓行业党风建设，助力行业诚信自律。教育引导会计师事务所负责人、党组织书记自觉遵纪守法、诚信自律、诚信执业的重要性，引导行业诚信执业。

八、各级政府日益重视，行业影响力不断扩大

广州注册会计师行业的健康发展以及对经济、社会的贡献，得到广泛的赞赏，受到了各级党委和政府的重视与关怀。2016 年，广东省委书记在广州市委书记的陪同下，莅临广州的会计师事务所视察，深入了解注册会计师行业的发展和需求；2017 年，广东省委副书记、广州市委书记到广州的会计师事务所视察、调研，对注册会计师行业的发展给予鼓励和支持。2017 年，行业协会被评定为 5A 级社会组织，充分体现了社会各界对注册会计师行业的认同。行业充分发挥专业技术优势，研究行业发展中的热点、难点问题，对中小所执行准则做出技术指引，对各类型企业，尤其是创新创业企业提供专业指导和技术援助。2017 年，有广州地区会计师事务所合伙人被授予“广州市创新创业服务领军人才”“天河区创新创业领军人才”等奖项，也从一个侧面体现出行业影响力的不断扩大。

九、行业发展前景广阔，在大有可为的时代大有作为

1978 年的改革开放，广东地区敢为人先，创造了一个又一个的发展奇迹。而进入新时代，南粤大地处处都是“撸起袖子加油干”的火热场景，广东更是被光荣地赋予了“四个走在全国前列”的新使命，迎来新的历史发展机遇。广州作为广东的省会城市，必将紧紧抓住新时代发展的新机遇，推动广州国家重要中心城市建设全面上水平，在全省实现“四个走在全国前列”中当好排头兵。经济发展动能转换、粤港澳深度合作、“一带一路”开放新格局、“走出去”、“请进来”、企业转型升级和创新发展等都将为广州注册会计师行业的发展提供广阔的服务空间。与此同时，地方政府职能的转变、对公共资源配置的监督、廉洁社会建设和社会组织发展等也将产生大量的专项鉴证和咨询服务需求，政府通过向会计师事务所购买服务，让会计师事务所参与到国家经济监督体系之中，为国家治理的规范化、标准化和制度化保驾护航。

注册会计师行业在服务经济转型、产业升级、政府职能转变和诚信社会建设等方面发挥着至关重要的作用，创造了巨大的社会和经济效益。因此，期望政府部门继续重视注册会计师行业的战略平台作用，加深对注册会计师行业价值的认识，为其发展提供良好的政策支持；政府应当更多地关注自身的实际需求和会计师事务所的执业质量，进一步放开准入门槛，营造公平竞争的市场环境；适度剥离政府部门履职所需辅助性事项中适宜由社会力量承担的专业性服务事项，将其纳入政府购买公共服务的范围，进一步拓宽政府购买公共服务的领域；加大政府购买公共服务的力度，为广州注册会计师行业的可持续发展创造更多的机会等。

新时代对于广州注册会计师行业而言，是一个大有可为的时代，更是一个必将大有作为的时代。广州注册会计师行业将继续以习近平总书记新时代中国特色社会主义思想为指引，深入学习贯彻十九大精神，在各级党委的坚强领导下，不忘初心，牢记使命，锐意进取，奋勇争先。始终坚持以服务国家建设为主题，以诚信建设为主线，积极拓展业务范围，提高业务承接能力，或做大做强，或做精做专，以过硬的专业服务能力、良好的行业形象，助力国家经济发展和社会进步，推进广州地区枢纽型网络城市建设，提高广州地区经济发展质量，促进和保障广州作为重要中心城市的引领和带动作用的发挥。乘着全面建成小康社会、加快建设社会主义现代化国家的时代东风，广州注册会计师行业必将在新时代焕发出新的勃勃生机。

引　言

注册会计师行业是以专业化、职业化和国际化为特点，运用专业特长，对企事业单位及其他组织的会计信息进行鉴证，并提供会计、税务、管理咨询等商务服务的现代服务业。注册会计师行业由行业领导部门、注册会计师行业协会、会计师事务所、行业从业人员（包括执业注册会计师）等组成。注册会计师行业通过审计鉴证活动，向政府、企事业单位和资本市场提供高质量的经济信息，增加经济信息特别是会计信息的透明度和可信度，对维护市场秩序和经济金融稳定、优化资源配置具有重要的促进和保障作用。会计师事务所是国家经济信息质量的“守门人”，是国家经济监督体系的重要组成部分，是连接政府和企业的桥梁，是所有者和经营者之间的纽带，是社会经济活动的监督者，是企业财务状况和经济成果的鉴证者，是投资人权益的维护者，是资本流动的引导者，是企业经营管理行为的评价者。因此，注册会计师行业已经成为保障我国经济社会健康发展不可或缺的中坚力量，在国家经济政治生活中承担着不可替代的重任。

广州注册会计师行业沐浴着改革开放的阳光，从无到有，从小到大，几度跨越，不断成长，大胆创新，取得了长足发展。1981 年，广州地区第一家会计师事务所成立，拉开了行业发展的序幕。1995 年，广州注册会计师协会成立，在广东省注册会计师协会和广州市财政局的大力支持下，不断强化本地区的行业管理与服务。1997 年，广州注册会计师协会与广州社会审计协会合并，壮大了行业，统一和规范了行业的管理。1998—1999 年，会计师事务所全部与主管部门脱钩，改制为公司制或合伙制，成为独立的市场主体。2000 年，中共广州注册会计师行业党委成立，大大加强了行业内党组织的建设和凝聚力。自 2007 年开始，本地区的会计师事务所自愿签订行业诚信自律公约，行业协会对履约情况进行检查并对外公布，大为提高了会计师事务所守信的自觉性。近年来，在十八大、十九大精神和习近平新时代中国特色社会主义思想指引下，广州注册会计师行业迅速发展，取得了前所未有的成就。

第一篇

广州注册会计师行业对地区经济发展的贡献

广州注册会计师行业深入学习贯彻党的十八大、十九大精神和习近平新时代中国特色社会主义思想，以服务国家建设为主题，以服务经济、服务市场、服务客户为核心，以诚信建设为主线，以可持续发展为导向，本着独立、客观、公正的职业精神，综合运用财务会计、审计和现代通信技术，为市场主体、政府和其他组织提供高质量的专业服务，有力地保障高质量经济信息的供给，引导资源合理配置，优化和完善市场主体的内部管理与治理结构，维护市场经济秩序和社会公众利益，积极促进地方经济健康发展。广州注册会计师行业的国内业务已经遍布全省乃至全国，国外业务已经扩展到美国、英国、法国、德国、新加坡、老挝、柬埔寨、刚果、尼日利亚等国家和地区。截至 2017 年底，广州地区的会计师事务所（含分所，下同）共有 223 家，执业注册会计师近 3 400 人，从业人员近 1.2 万人。2017 年全年行业的业务收入合计近 36 亿元，出具各类专业报告 12 万余份，服务的客户数量超过 52 000 户，客户的资产总额合计近 19 万亿元、营业收入合计近 5 万亿元。

广州注册会计师行业对地区经济发展的贡献主要有：

一、积极响应政府购买服务，完善国家经济监督体系

（一）补充国家审计力量

国家（政府）审计和注册会计师审计都是审计体系的重要组成部分。国家（政府）审计侧重经济行为的“合规性”和“绩效性”，注册会计师审

计侧重财务报告的“真实性”和“完整性”，注册会计师广泛参与国家（政府）审计，有助于两类鉴证活动的相互促进、协调发展。2017 年，广州地区会计师事务所提供政府采购服务 600 余项，涉及金额合计超过 1 200 亿元，有效弥补国家（政府）审计力量的不足，促进国家经济监督体系的完善。

（二）完善国企监督体系

注册会计师行业的发展，有效完善了国企监督体系。国有企业的发展直接影响着地区经济发展，会计师事务所通过提供年报审计、发债审计、所得税汇算清缴、税务咨询等服务，为国有企业领导层的内部管理决策提供可靠依据，形成内部监督；为资本市场上的投资者提供决策信息，形成市场监督；为国有资产监督管理部门提供绩效考核信息，形成行政监督；对国有企业负责人进行任期经济责任、离任经济责任审计等服务，为组织人事部门和纪检监察机关等考核、任免干部提供参考依据，形成人事监督。2017 年，广州地区会计师事务所服务的国有企业近 3 600 家，资产总额合计超过 4.3 万亿元，营业收入超过 1.3 万亿元，对广州市的国有企业几乎全覆盖，有力地监督和保障国有资产的保值增值。

（三）完善财政监督体系

广州地区会计师事务所积极参与政府购买服务，支持政府审计工作，参与财政预算执行、领导干部任期经济责任、政府投资工程等审计，参与各类财政资金的专项审计和绩效评价。2017 年，广州地区会计师事务所提供与财政相关的服务 800 余项，对财政资金的使用进行有力监督，增强公共支出透明度，提高政府的公信力，规范财政资金管理，提高财政资金使用效益。

二、提供高质量经济信息，保障资本市场健康发展

（一）帮助企业上市融资

融资是企业发展壮大的必要途径，注册会计师是企业上市（挂牌）全过程的必要参与者，为其提供全“生命周期”的会计专业服务：上市前的改制

审计、变更验资；上市过程中，出具审计报告及专项审核报告，就招股说明书中有关财务内容提出建议；上市后，为公司提供持续的报表审计、发债审计、财务咨询、税务咨询等专业服务，推动企业顺利进入资本市场，借助资本的力量快速发展壮大，保障企业健康发展。截至 2017 年 12 月，广州市共有上市公司 133 家。2017 年，广州地区 26 家有证券业务资格的会计师事务所为广州市及其他地区的上市公司提供了近 1 300 项审计和其他业务服务，其中，为 10 余家 A 股上市公司的重大资产重组提供服务，为近 40 家 A 股上市公司的股权和债券融资提供服务，此外，还为 800 余家新三板公司提供审计、融资等相关服务。

（二）完善资本市场监督体系

高质量的经济信息是资本市场健康发展的基础，注册会计师通过专业服务，高效地向市场提供真实、客观、全面的经济信息，使市场在资源配置中发挥决定性作用，同时挤出企业业绩的“水分”，遏制企业的造假冲动，缓解公司与投资者之间的信息不对称，有效保护投资者利益，有力保障资本市场的健康发展。在未来，随着资本市场注册制改革的推进，注册会计师行业将发挥更为重要的监督作用，保障资本市场的健康发展。仅 2017 年，广州地区会计师事务所为 123 家广州市和其他地区的上市公司提供了年报审计等服务，对广州市上市公司服务覆盖率约为 92%。

三、发挥专业技术优势，助力供给侧改革深化

（一）提供有用的决策信息

广州注册会计师行业积极参与政府、企事业单位的鉴证业务，通过对财务报表的审计，一方面，为企业和投资者提供重要的决策信息。2017 年，广州地区会计师事务所为各类型企业、事业单位等出具报告 12 万余份。另一方面，为政府部门的战略布局提供参考依据，帮助政府优化生产要素配置，合理规划财政资金用途，淘汰落后产能，转化过剩产能，提高经济增长的数量，改善经济增长的质量。2017 年，广州地区会计师事务所承接各级国资委

和政府机构委托的项目600余项，为政府部门的战略布局提供决策支持。

（二）助力企业规范管理、转型升级

注册会计师帮助企业建立健全财务会计制度、重整组织架构和业务流程、完善内控制度、改进内控方法等，实现降本增效的目的。尤其是国有大中型企业在审计结束后，会计师事务所向管理层提交建议书，有些还专门提交内部控制评价报告。2017年，广州地区会计师事务所完成内部控制评价的相关报告、会计咨询报告和税务代理报告等700余份，通过提供专业咨询服务，不仅帮助企业优化、完善内部管理与治理结构，同时在技术更新、流程再造、服务外包等方面提供多元化的解决方案，帮助企业转型升级。

（三）支持高新技术和两创企业发展

广州注册会计师行业紧跟政策趋势，积极开展高新技术企业相关的鉴证业务，帮助企业申请高新技术认定，支持高新技术企业发展。2017年，广州地区会计事务所为高新技术企业提供的专项审计服务超过11 000项，增长势头迅猛，有力地支持了本地区企业进入政策扶持的高新技术企业行列，这些企业也因此获得了税收优惠，缓解了资金压力，加快科技创新的进程。另外，一些中小型会计师事务所紧密结合创新、创业企业的特点，为创新、创业企业提供“量身定制”的个性化专业服务，保障创新、创业企业的规范经营，让创业者全身心地投入到创新、创业中去，有力地支持两创企业的发展，推动两创政策的落地。

四、发挥专业智库作用，形成全面开放新格局

（一）服务地区企业“走出去”

作为企业“走出去”的“军师”，广州地区会计师事务所充分依托本地和全球的网络，应用财务、税务、投资及咨询等领域的专业知识，积极为在“一带一路”沿线国家进行投资的企业与机构提供强有力的支持，提供包括市场进入战略分析、收购与兼并、绩效改进、风险控制、税收筹划等一系列

服务，充分运用国际规则，帮助企业灵活应对各类风险，协助企业积极响应国家“一带一路”倡议，实现“走出去”和国际化布局，提升企业的国际竞争力。截至 2017 年，广州地区会计师事务所的国外业务已扩展到美国、英国、法国、德国、新加坡、老挝、柬埔寨、刚果、尼日利亚等国家和地区。2017 年，广州地区会计师事务所为外国企业（含代表处）出具报告近 1 000 份，其中年报审计报告近 900 份，非年报审计报告近 100 份；为外商投资企业出具超过 1.2 万份报告，其中年报审计报告 5 600 余份，非年报审计报告 6 400 余份。

（二）助力粤港澳大湾区建设

2017 年 3 月，国务院总理李克强在政府工作报告中提出研究制订粤港澳大湾区城市群发展规划。粤港澳大湾区的建设为广州地区的社会、经济发展带来新的历史机遇。粤港澳大湾区产业的深度合作，必将进一步推进粤港澳大湾区的交通基础设施建设，加快人流、物流、信息流和资金流的互联互通，这些都需要会计专业服务的有力支持。广州注册会计师行业积极探索粤港澳合作，通过提供专业服务，促进人才、资源、技术、会计业务等方面的互联互通和政策对接，支持形成全面开放的新格局。截至 2017 年，广州地区会计师事务所的业务范围已经遍布全省乃至全国，全面覆盖粤港澳大湾区城市群——广州、深圳、珠海、佛山、中山、东莞、肇庆、江门和惠州九市，并将业务范围扩展到了香港和澳门地区。2017 年广州地区会计师事务所为以上除广州之外的八市共出具超过 1.7 万份报告，为 40 余家注册地在香港和澳门的公司提供了专业服务，有力地支持粤港澳大湾区的建设。

（三）支持广州金融中心建设

广州 2017 年 3 月首次进入全球金融中心指数排名，在全球排名第 37 位，亚太地区排名第 14 位。广州还首次入选“稳定发展的 40 个金融中心”，并被归类至“活力发展的金融中心”行列。金融的发展离不开高质量经济信息的提供和专业中介服务的支持，无论是提高直接融资比重，加大对小微企业、创新创业、“三农”等薄弱领域的金融支持，还是国际金融城、金融创新服务区、南沙现代金融服务区等功能区建设等都离不开注册会计师行业提供的专业服务。2017 年，广州地区会计师事务所为金融企业出具 800 余份报告。

五、协助社会治理创新，推进共建共治共享

（一）保障廉洁广州建设

国家不断强化权力运行的制约和监督机制，广州注册会计师行业广泛参与经济责任鉴证、政府投资工程鉴证、工程造价鉴证、财政项目鉴证和专项扶贫资金使用鉴证等专业服务工作。2017 年，广州地区会计师事务所提供的以上鉴证业务范围的服务 1 500 余项，对权力运行发挥了重要监督作用，有力遏制了贪腐的发生，保障廉洁广州建设。

（二）保障社会组织健康发展

广州注册会计师行业积极开展社会组织审计工作，包括接受各级政府机构的委托，对社会组织进行专项检查和财务审计工作，提高社会组织财务信息的公开性和运营的透明度，帮助政府合理规划财政资金的使用，支持社会组织的建设和发展。行业协会还整合知名高校资源，积极参与社会组织“指引”修订，出台《广州市慈善组织监督审计指引》，保障社会组织健康发展。2017 年，广州地区会计师事务所接受各种类型慈善组织（包括：慈善基金会、慈善总会、慈善会、慈善促进会等）委托，为其出具了共计近 500 份报告。

（三）维护司法公正

经济违法案件大多涉及舞弊、受贿等经济违法违纪行为，司法会计鉴证构成司法审判的重要证据，对司法公正影响重大。广州地区会计师事务所不断提高业务能力，综合利用现代信息技术手段，克服司法会计鉴证业务操作难度大、风险高的困难，广泛参与地区经济案件的司法鉴定，2017 年完成司法会计鉴定近 500 份，为维护司法公正提供专业支持，营造风清气正的社会环境。

六、重视行业人才培养，输出高端专业人才

（一）建立行业人才培养体系

注册会计师行业是提供智力服务的高端服务业，人才是行业的核心资源。广州注册会计师行业一贯高度重视人才培养，不断完善人才培养体系，拓展人才培养渠道，创新人才培养模式。目前，广州注册会计师行业已经建立起了面向行业一般从业人员、注册会计师和行业领军人才的三层次人才培养体系。行业一般从业人员的培训以夯实专业知识、基础业务能力为目的，注册会计师的培训侧重未来导向，强调更新业务知识，培养适应创新业务的能力。领军人才的培养则强调专家型、领导型、复合型能力的培养，引领行业未来发展。目前，依托政府和行业优势资源，已经形成了国家和广东省两层会计领军人才培养体系，在此基础上，广州注册会计师行业协会还在积极寻求多方合作，探索下沉培养体系，最终形成国家、广东省和广州地区三个层次的会计领军人才培养体系。

（二）输出高端专业人才，产生溢出效应

注册会计师行业具有专业性强、工作强度大、业务转型快等特点，导致注册会计师行业的人才长期保持相对较高的流动性。行业从业人员经过多行业、多类型的业务训练，成长为“懂业务、精技术”的高层次、复合型会计专业人才，成为各大企业和金融机构竞相争抢的对象。根据调研数据统计，广州注册会计师行业一年有近 2 400 名从业人员选择离开会计师事务所进入其他行业，行业人才的有序流动缓解了地方经济发展过程中财会专业人才的短缺问题，并将专业化、职业化和国际化的职业特点传播到其他行业和企业，帮助大中型企业做优做强、中小微企业加快成长，产生显著的人才溢出效应。

第二篇

广州注册会计师协会的行业监管与服务

一、行业执业质量监管

（一）严格落实执业检查，有力保障执业质量

广州注册会计师协会依据中国注册会计师协会《会计师事务所执业质量检查制度》的有关规定，以及广东省财政厅、广州市财政局、广东省注协的要求，以教育提高为目的，认真落实执业质量检查。每年从行业抽取检查人员培训后组成检查小组，按照中国注册会计师协会五年一循环、每年20%抽查率的要求，对广州地区会计师事务所开展执业质量检查。检查内容包括：会计师事务所内部管理体系、质量控制体系、财务管理制度等内部制度；报告是否给出正确意见、如实披露相关信息；审计期间是否执行充足的审计程序，报告底稿编制质量、取证情况；会计师事务所管理人员的风险意识及风险把控；档案底稿的编制及存放；报告信息报备是否规范等，根据现场检查情况，最终形成检查意见。2013年至2017年对广州地区会计师事务所进行了全面检查，对个别违规行为进行了惩戒。执业检查起到了很好的警示作用，有力保障了执业质量，适应了市场监管新形势。

（二）认真处理投诉举报，树立良好服务形象

广州注协围绕诚信建设这条主线，认真处理投诉举报。广州注协对接到的投诉信函进行各个层面的认真分析，逐一查询，深入了解事件始末，及时

提醒会计师事务所及注册会计师纠正一些不符合审计准则规定和违反行业规范的执业行为，并将核实的情况与相关方进行沟通，对有需要者提供必要的法律支持。2013 年至 2017 年广州注协妥善处理投诉及函件举报 30 余宗，有效地协调了会计师事务所与投诉方之间的关系，加强了行业与外界的沟通，消除不必要的误会，创造了良好的执业环境，树立了良好的服务形象。

（三）引导行业规范收费，坚持综合质量优先

广州注协对行业收费问题一直保持重点关注，监控会计师事务所的市场收费，制定收费管理方法，以保证会计师事务所以执业质量为出发点，改变与专业服务不相适应的“价低者得”的招投标机制。从 2012 年开始执行的粤价〔2011〕3313 号文收费标准，到 2018 年初试行的行业收费预警管理办法，其间尝试过多种收费管理制度，有效抵制了不正当低价竞争，在保证注册会计师执业成本补偿的同时，提升会计师事务所的整体服务质量，引导注册会计师行业市场收费日益合理化。此外，在会计师事务所专业服务范围不断拓宽的背景下，在市场化监管理念指引下，坚持综合质量优先的原则，合理放开注册会计师专业服务市场收费。

二、诚信自律体系建设

（一）打造诚信自律公约品牌，提高行业诚信度与公信力

广州注协坚持以诚信建设为主线，加强诚信自律公约品牌建设，突出诚信自律文化建设主题，不断扩大行业诚信自律的知名度。行业诚信自律公约自 2007 年开始自愿签署以来，有效改善了执业环境，截至 2017 年底，广州地区有 172 家会计师事务所自愿签署诚信自律公约，签约率达到 77%。诚信自律委员会于每年年初向社会公告上一年度履约单位、新签约单位、退出公约单位和开除违约单位的情况。广州注协以诚信自律公约为中心，引导诚信自律发展新方向，健全诚信自律新机制，打开诚信自律新局面，提高了行业的诚信度与公信力。

（二）推进诚信自律签约，完善相关制度文件

一方面，广州注协对加入诚信自律公约的会计师事务所以及未加入的事务所进行分类问卷调查，跟进诚信自律签约单位的后续履约情况与发展，了解非签约会计师事务所的动态以及对诚信自律公约的看法，不断改进，完善行业自律管理体制。另一方面，为促进注册会计师行业发展，围绕简政放权、商事制度改革和政府职能转变的新要求，广州注协对广州注册会计师行业诚信自律公约、诚信自律委员会工作规程、诚信自律公约实施细则和诚信自律公约补充细则等进行修订，与时俱进，完善相关制度建设，进一步促进行业规范、健康发展。

三、组织注册会计师全国统一考试及继续教育

（一）组织注册会计师全国统一考试情况

注册会计师全国统一考试（简称“CPA 考试”）是注册会计师职业准入和人才培养的重要环节，承担着引领、选拔和输送优秀会计人才的重任。2017 年，广州注协严格按照财政部注册会计师考试委员会办公室（简称“财政部考办”）的要求，检查落实考点、严格培训涉考人员、做好考试保障工作、认真巡考，对考试的顺利进行以及维护公开、公平、公正的原则起到了重要的保障作用。

2017 年，广州地区共有 44 794 人报名参加 CPA 考试专业阶段考试（简称“专业阶段考试”），报考共计 122 655 科次，创历史新高。面对考生人数巨大的压力，广州注协严格按照财政部考办的要求，坚持服务考生的原则，精心组织，确保该考试顺利进行。

一是严格检查落实考点。克服时间紧、任务急、考区分散和距离远等困难，在短时间内对 22 个考点进行了检查落实，保证考试工作的顺利开展。二是严格培训涉考人员。召开考务工作会议，对涉考工作人员进行严格培训，以确保考试工作万无一失。三是防患于未然，做好考试保障工作。机考依赖电力、网络、计算机设备，如果出现断电、断网或设备故障等状况将影响考

试正常进行。为此，广州注协在考前便积极与公安局、供电局等部门联系，有针对性地做好应急预案。四是认真巡考，维护考场纪律。派出 100 多名巡考人员分赴各个考点、考场进行巡查，保证考试的顺利进行。

（二）注册会计师全国统一考试分析

1. 考试报考及出考情况分析

（1）总体情况分析。

从报名情况看，2017 年专业阶段考试广东省考区累计报考 363 031 科，其中广州考区有 44 794 人报名，累计报考科次为 120 271 科，占全省报考科次的 33.13%。广州考区 CPA 考试综合阶段考试（简称“综合阶段考试”）有 2 926 人报名。从出考情况来看，2017 年广东省考区专业阶段出考 124 547 科次，出考率为 34.31%。广州考区专业阶段考试出考 44 560 科次，出考率为 37.05%，略高于全省出考率。综合阶段考试出考 2 371 人，出考率为 81.03%。

（2）科目结构分析。

下表列示了 2017 年广东省与广州市专业阶段考试各科报考及出考情况的基本数据。

2017 年广东省与广州市专业阶段考试各科报考及出考情况

	会计		审计		财务管理	
	广东省	广州市	广东省	广州市	广东省	广州市
报考人数（人）	105 777	34 412	42 321	14 219	45 140	15 334
出考人数（人）	34 684	12 396	15 768	5 652	14 965	5 511
出考率（%）	32.79	36.02	37.26	39.75	33.15	35.94
	经济法		税法		公司战略与风险管理	
	广东省	广州市	广东省	广州市	广东省	广州市
报考人数（人）	61 301	20 265	71 001	23 229	37 491	12 812
出考人数（人）	22 130	7 748	22 968	8 125	14 032	5 128
出考率（%）	36.10	38.23	32.35	34.98	37.43	40.02

从上表可以看出，会计科目的报考人数最多，全省共 105 777 人报考，广州市共 34 412 人报考，出考率分别为 32.79% 和 36.02%。审计科目的报考人数比较少，全省共 42 321 人报考，广州市共 14 219 人报考，出考率分别为 37.26% 和 39.75%。专业阶段考试总体出考率在 35% 左右。

全省数据与广州市数据相比较来看，2017 年广州市各科的出考率均高于全省数据，其中公司战略与风险管理（简称“战略”）科目的出考率达到 40.02%。

2. 考试结果分析

（1）总体情况分析。

2017 年 CPA 考试，广东省考区专业阶段考试单科平均合格率为 27.34%，广州市考区专业阶段考试单科平均合格率为 29.29%，高于全省平均合格率。综合阶段考试有 1 926 人通过，取得注册会计师全国统一考试全科合格证书，通过率达 81.23%。

（2）科目结构分析。

图 2-1 和图 2-2 分别列示了 2017 年广州市与广东省专业阶段考试各科合格情况。

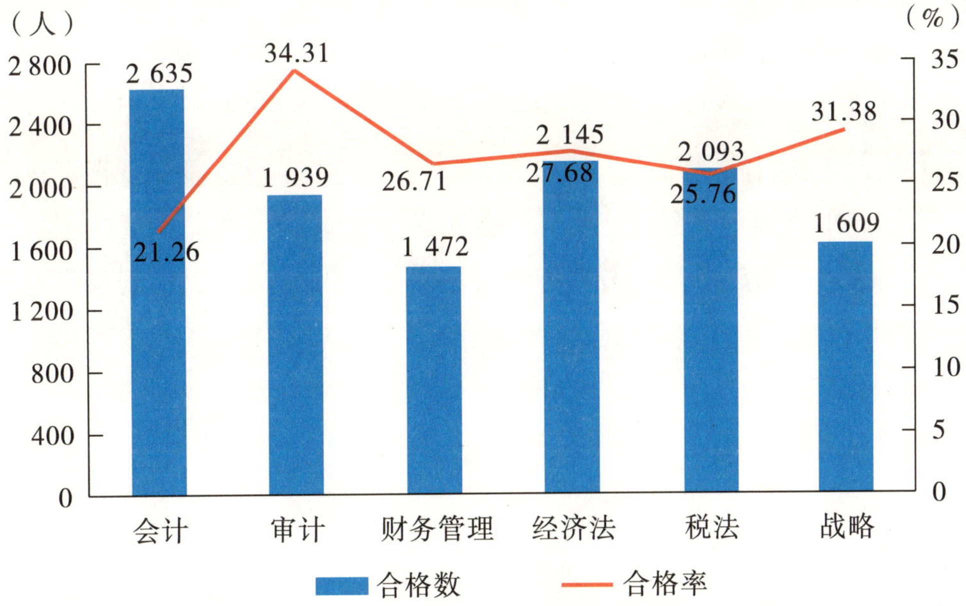

图 2-1　2017 年广州市专业阶段考试各科合格情况

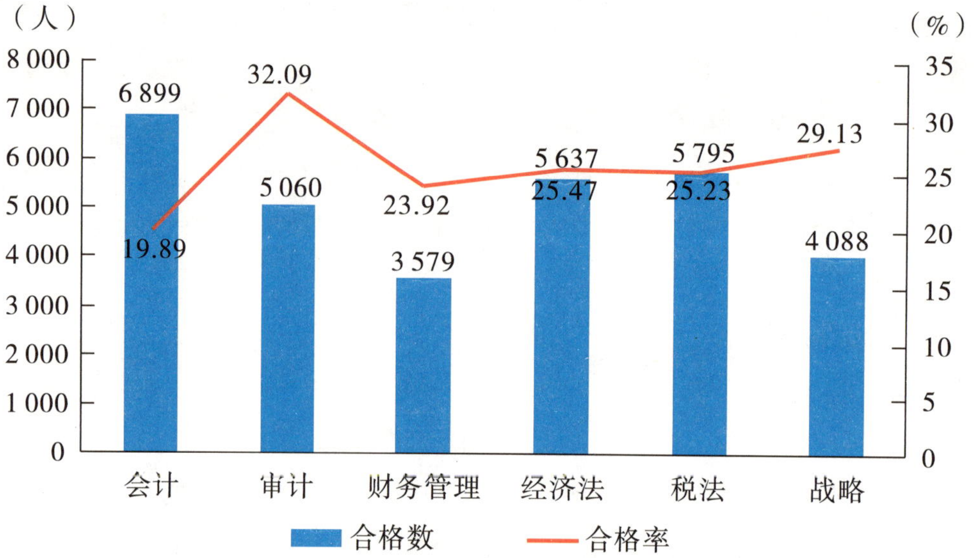

图 2-2　2017 年广东省专业阶段考试各科合格情况

从上图可以看出，2017 年广州市专业阶段考试各科合格率均高于全省水平，广州市审计科目的合格率最高，为 34.31%，会计科目合格率较低，仅 21.26%，财务管理经济法和税法的合格率均在 25% 左右。各科次考试难度有着比较清晰的区分度。

3. 考试发展趋势分析

（1）专业阶段趋势分析。

从图 2-3 我们可以看出，2013—2017 年广州市专业阶段考试报考科次呈增长趋势，2017 年达到约 12 万人，较 2016 年增幅较为明显，反映了社会对 CPA 考试的认可和热情。出考率年度大体保持在 35% 以上，随着报名人数的增加略有下降。

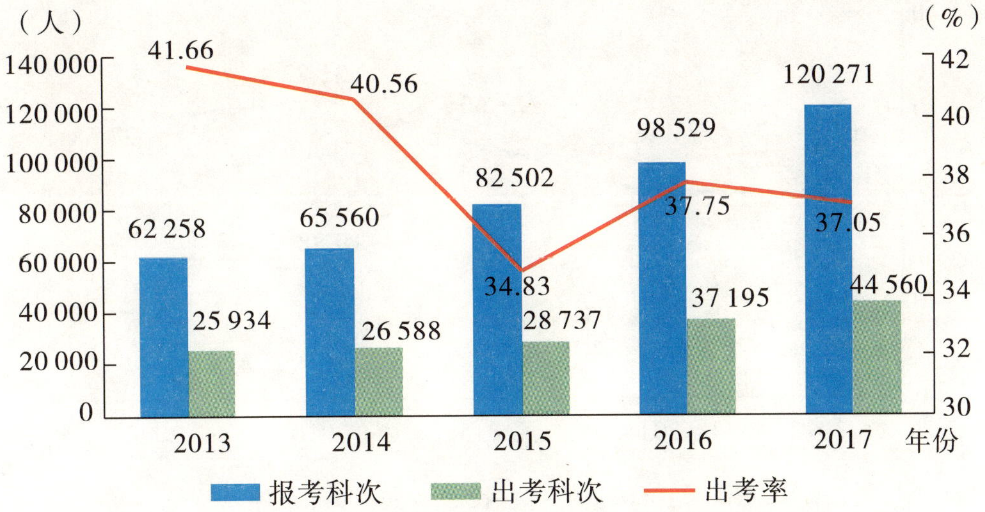

图 2-3　2013—2017 年广州市专业阶段考试报考和出考情况

从 2013—2017 年注册会计师考试专业阶段各科合格率（图 2-4a 和图 2-4b）的对比分析可以看出，前三年会计的合格率在 18% 左右浮动，2016 年相比前三年合格率下降幅度较大，仅 13.82%，2017 年又提升至 21.26%。财务管理在 2014 年的合格率最低，仅 11.13%。审计和经济法各个年度合格率在一定区间范围内适当波动，基本保持稳定。税法和战略各年度合格率呈上升趋势，但波动明显。

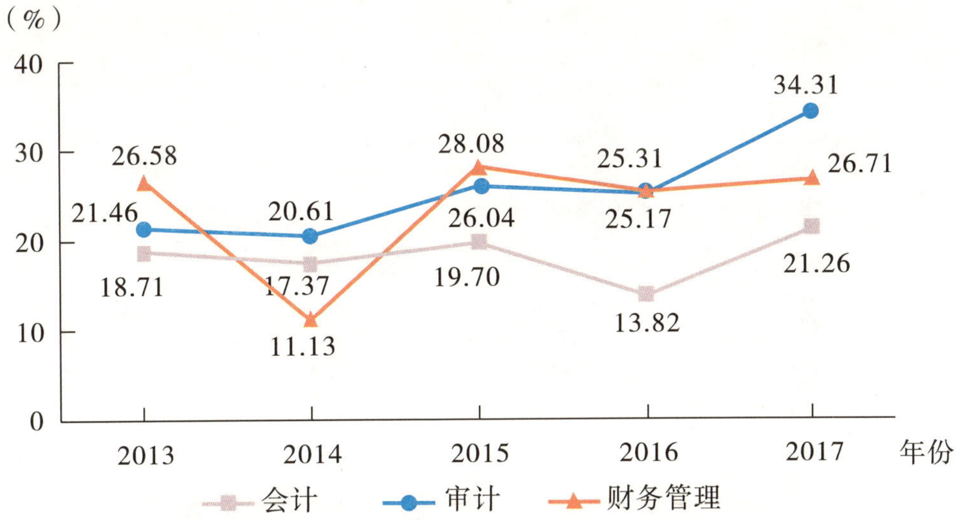

图 2-4a　2013—2017 年专业阶段考试各科合格率趋势

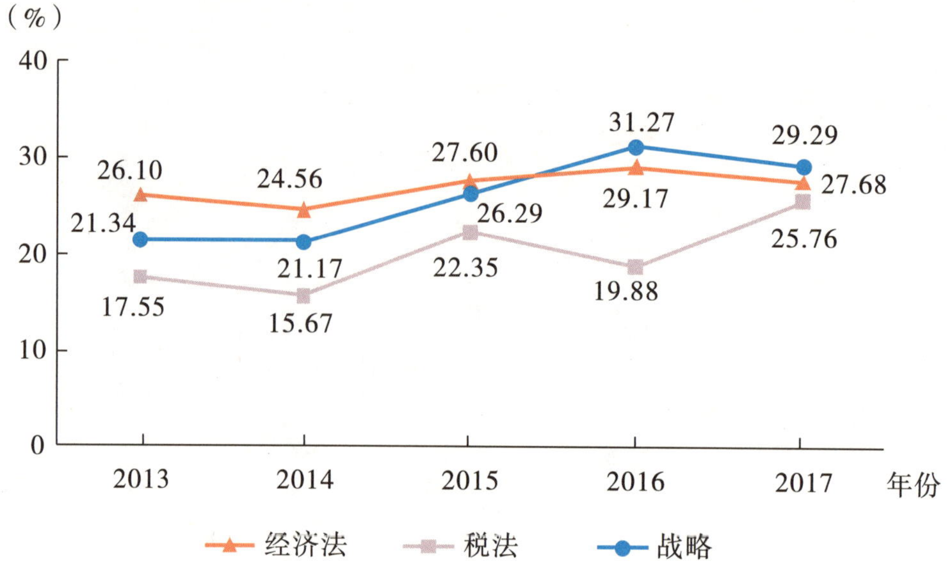

图 2-4b　2013—2017 年专业阶段考试各科合格率趋势

（2）综合阶段趋势分析。

考生需要通过专业阶段 6 科考试后，方可参加综合阶段考试。因此，综合阶段考试的报考人数与专业阶段考试的合格人数紧密相关。由于两个阶段测试目标和重点有所不同，综合阶段考试呈现的特点和规律与专业阶段并不完全相同。图 2-5 列示了 2013—2016 年广州市综合阶段考试报考和出考情况。

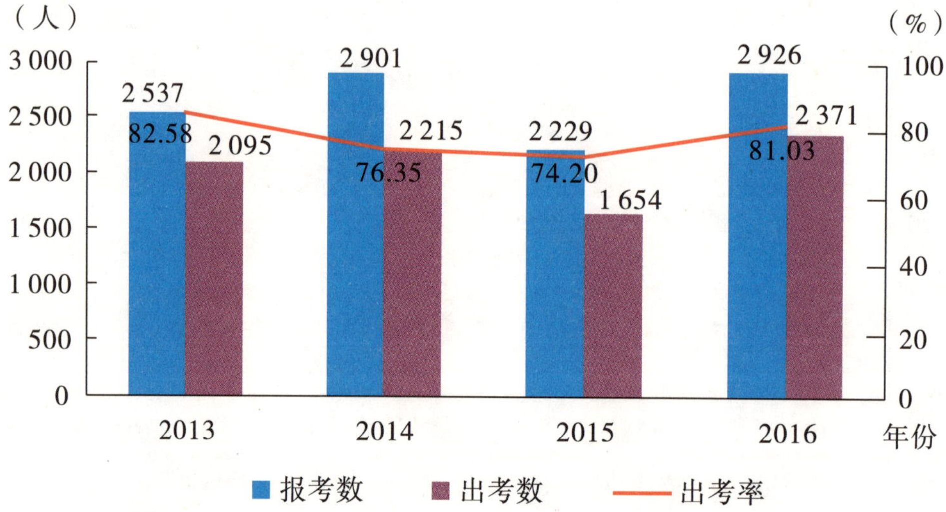

图 2-5　2013—2016 年广州市综合阶段考试报考和出考情况

可以看出，综合阶段考试的报考人数在 2014 年前有所增长，之后出现小幅回落，2016 年较前三年，报名人数又有所增长。从出考率来看，综合阶段考试的出考率年度之间基本保持稳定，并且明显高于专业阶段考试，2013—2016 年均在 74% 以上。

图 2–6 列示了 2013—2016 年广州市综合阶段考试合格情况的趋势信息，其合格率稳中有升，均在 70% 以上。

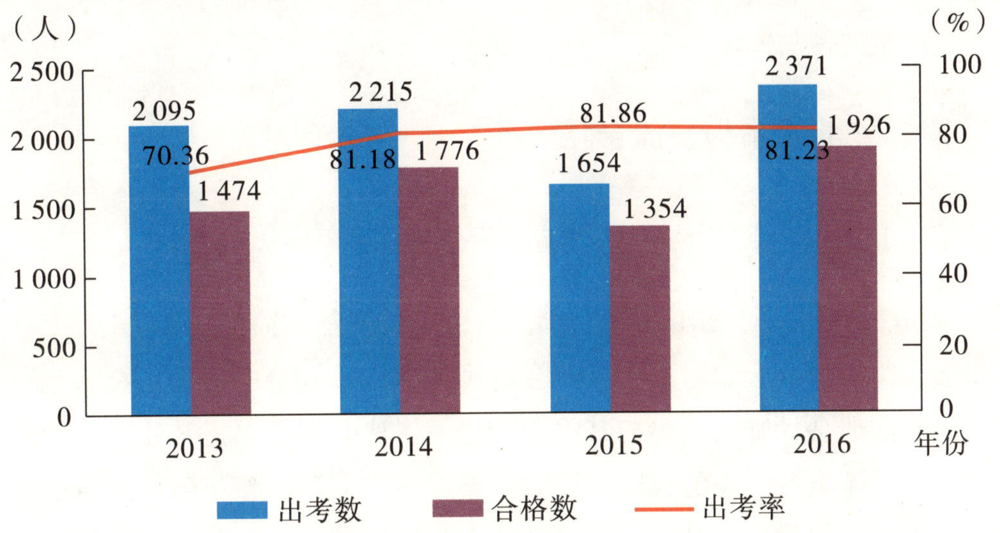

图 2–6　2013—2016 年广州市综合阶段考试合格情况

（三）充分整合资源，开展继续教育

广州注协自成立伊始，一直致力于为行业会员提供高质量的继续教育服务，采取分层次、分类别的方针开展继续教育工作。在制订每年培训方案前，通过在线调查了解会员需求，并充分听取专业人士及人才委员会的意见，紧贴政策和行业热点，积极开发新政策、新准则、新技术、新业务及提升综合素质课程。

2013—2017 年广州注协举办各项培训共 74 期，五年间通过创新培训形式、增办培训课程，课程数量逐年增加，2017 年举办的培训课程达到 23 期，培训的会员人数从 2013 年的不足 1 000 人次，发展至 2017 年已有 4 109 人次受惠。2016 年开始尝试打破执业会员（具有注册会计师执业资格的，下同）

和非执业会员（不具有注册会计师执业资格的，下同）课程的界限，使全部会员都可充分共享培训资源，加强交流，增强会员的凝聚力，获得了广泛好评。2017 年协会首次举办会计师事务所助理人员的技能培训课程，反响热烈。今后将继续从加强专业技能、综合素质的方向设计并增加课程，切实提升助理人员的专业素质，使他们更快适应工作、融入行业。同时未来广州注协将更着重行业高端人才的培养，遴选行业优秀后备人才，通过与知名高等院校合作，共同设计开发的中长期培训项目，提高培训前的效果和质量，保障培训的系统性与连贯性。

四、外部联系与交流合作

（一）打造对外交流平台，建立多元化外部联系

广州注协成立了广州市新的社会阶层人士联谊会（简称“新联会”）——注册会计师行业分会，增加了注册会计师行业连接社会的纽带。新联会积极组织协会注册会计师会员参与其组织的学术讲座与活动，提升注册会计师的政治觉悟，拓宽专业外的视野。同时，整合各方资源，参与到“天英汇”双创服务平台，提供财务管理、税务和资本相关的高端金融服务，发挥行业的专业特长，为经济发展服务，回馈社会。2015 年广州注协与暨南大学教育发展基金会联合创设了“广州注册会计师（CPA）讲座教授”基金，积极探索与院校联合培养行业领军人才和后备力量的新模式，通过搭建开放型、常设型的学术交流平台，为业界培养更多的优秀会计人才，扩大行业影响力，促进广州注册会计师行业的健康、快速发展。该基金成立至今，已邀请香港大学林晨教授等知名学者举办多期学术讲座，并在校园内举办注册会计师职业展览、职业论坛和行业招聘会等活动。

（二）强化对外交流合作，营造良好行业环境

一方面是“走出去”，广州注协积极开展粤港澳交流合作，先后加入了广东省粤港澳合作促进会（会计专业委员会秘书处设在广州注协）及广州市穗港澳合作交流促进会。组织行业代表参加海峡两岸及港澳地区会计师行业

交流研讨会、粤港澳三地行业发展座谈会、粤港澳合作论坛等，促进粤港澳三地行业信息资源共享，有助于推进三地区域发展与文化交流。另一方面是“引进来”，与英国特许公认会计师公会、澳洲会计师公会、澳大利亚公共会计师协会、香港注册会计师公会等国际会计组织签订了合作备忘录或合作协议，为行业实施“走出去”战略创造了条件，对促进行业对外交流、拓宽视野产生了积极影响。

（三）加强政府部门沟通，持续扩大行业影响力

1. 积极协调沟通，争取政策支持

广州注协积极与财政部、发改委等政府部门沟通收费政策；与广州市财政局政府采购处、广州市公共资源交易中心进行协商，在政府采购与采购监管、行业自律、提升审计服务质量方面取得了共识；与市建筑行业劳动保险金管理委员会办公室联系，组织各会计师事务所申请获取建筑施工企业劳动保险金专项收支审计资格。在“物价局收费标准”“营改增”“商事制度改革”及各类政府采购招投标业务等事务中代表行业积极与政府部门沟通，保障会计师事务所的合法权益，使其发挥应有的鉴证职能。广州注协还参加了广州市发改委举行的广州营商环境问题座谈会，代表广州注册会计师行业发言，呼吁政府重视注册会计师行业发展，加大政策扶持力度。

2. 发挥专业特长，积极参政议政

广州注协把握住广州市人大、政协、党代会换届的契机，推举行业代表，发挥专业特长，积极参政议政。2017 年，推举中共广州市第十一次代表大会代表 1 名，并光荣当选代表；推举广州市第十五届人民代表大会代表候选人 3 名，并光荣当选代表；推举广州市第十三届政协委员候选人 2 名，并光荣当选委员，这是广州注册会计师行业在历届市级党代会、人大、政协中席位最多的一次。2018 年 1 月政协第十二届全国委员会常务委员会第二十四次会议通过中国人民政治协商会议第十三届全国委员会委员名单，广州注册会计师行业 2 位专业人士当选全国政协委员。

3. 拓展服务范围，树立良好形象

广州注协为广州市商务委员会、工商局、民政局提供数据支持，为其工

作提供了便利，提升了政府部门统计数据的准确性。并且帮助广州市慈善组织加强监督审计，对《慈善组织监督审计指引》提出专业意见，帮助慈善机构建立健全监督制度。协会推荐多名行业优秀财会类专家加入广州市国资委监管企业外部董事专家库，最终有16人成功入库。不仅如此，协会还组织编写了《广州市慈善组织监督审计指引》，为提升广州市慈善组织财务信息的公开性和运营的透明度贡献了力量。

五、协会信息化建设

（一）升级改造信息系统，强化执业质量检查

广州注协根据五年来的检查结果、行业转型变化及会计与审计准则的修订情况对业务质量检查系统进行全面升级，改进检查系统，以风险导向为原则，从行业一线的专业人士中征集经验丰富的注册会计师组成专家小组，构建业务质量检查工作底稿，经过诚信自律委员会与专业指导委员会的审阅形成新的检查构架。

广州注协不仅对原有的检查指标与内容进行修订与细化，使之更合理、更贴近实际，而且较全面地涵盖了企业、事业单位与非营利组织的年度报告审计、验资、高新技术企业认定高新技术产品（服务）收入专项审计、高新技术企业认定研发费用专项审计、离任审计、经济责任审计和其他专项审计等诸多业务类型，完善了业务检查体系。广州市电子报告中心与广东省注协进行报备系统一体化合并，针对兼容过程中出现的问题，广州注协组织行业专家，对现有报备类型进行了改良，将原有2种年报审计增加至5种；专项审计细化为16种类型，有效覆盖行业现有业务，并重新制定了信息填报指标，保证了业务高峰期报备系统的流畅运行。

（二）实现会员动态管理，致力于行业建设

在会员动态管理方面，一方面，广州注协通过存储会员流动、继续教育、报告出具、惩戒等信息，形成可查阅、统计、分析的结构图，从现象探究规律，强化注册会计师和会计师事务所信息的全面记录、实时监控和有效

披露，实现了会员管理的信息化建设，为掌握行业动态和研究行业发展提供依据，有针对性地采取新的会员管理措施。同时，以充分发挥会员主体意识为指导思想，给会员分发会员卡，采用“共建、共享、共用”模式，引导会员参与到系统建设和运用中来。

另一方面，广州注协注重完善会员系统信息管理。协会通过实时更新新批注册会计师的个人信息，对新批注册会计师进行签名样式采集，并扫描注册会计师证、印鉴章、印鉴备案表，优化更新备案，领取会员卡、个人报备账户及密码指引，以配合会员服务。广州注协努力把握行业信息化发展战略机遇，创新行业发展模式，使信息化建设成为推动行业业务转型升级和服务经济社会建设的重要支撑和动力，以此驱动行业顺应发展变化的新形势，实现行业跨越式发展，整体提升服务经济社会的综合能力。

（三）优化会员流程管理，搭建服务平台

广州注协的会员管理系统结合会员注册、年检、变更、诚信状况、奖惩、继续教育等信息在电子报告中心的动态记录，形成动态数据库，为掌握行业动态和研究行业发展提供依据，进一步推进网上年检。同时，将内部工作流程及外部办事指引制定成册，规范了会员资料的归档要求，提高了对会员的服务效率，优化了办事流程。此外，还开通了非执业会员信息中心，完善非执业会员数据，启用非执业继续教育平台，使非执业会员可登录继续教育平台进行网上学习，其完成的课程学时可直接记录到学时档案中，优化了年检步骤，有效提高了对非执业会员的年检效率。

作为广州注协自主研发的会员管理系统，信息化帮助广州注协完成了创新式的服务、管理、监督、协调，进一步搭建起经济社会发展服务平台、行业管理平台、支持会计师事务所和会员发展平台。

（四）依托信息化平台，拓展对外交流合作

协会充分利用自身信息平台，进行交流宣传，使协会网站成为行业的宣传阵地。一方面，广州注协加强与政府职能部门沟通合作。广州注协积极履行自身职责，通过与广州市社会组织管理局及国家外汇管理局广东省分局签

订合作备忘录、与地税系统达成将会计师事务所报备信息纳入综合治税平台的初步合作意愿的方式，增强与政府部门合作。另一方面，广州注协充分利用电子媒介，丰富对外交流渠道。广州注协开通了“广州注册会计师协会”微信公众号，丰富了行业信息公开的平台，充分利用移动互联网和社交媒体，加强了行业与社会公众、协会与广大会员的交流，目前，协会微信公众号的关注量已经超过2万人。

广州注协积极实施信息化战略和新业务领域战略，进一步增强服务经济社会发展的综合能力，为行业从业人员争取到了更多为政府服务的机会。同时，通过多种渠道很好地宣传了注册会计师行业，提高了行业的社会参与度与认知度。

六、党团组织和工会组织建设

（一）以党建工作为抓手，引领行业健康发展

在市财政局党组的正确领导下，行业党委坚持以党的十九大精神为指导，肩负习近平总书记赋予广东“在构建推动经济高质量发展体制机制、建设现代化经济体系、形成全面开放新格局、营造共建共治共享社会治理格局上走在全国前列”的新时代新使命，继续围绕深入贯彻落实中央、省市关于加强非公有制经济组织党建工作指示精神，联系行业实际，大力加强党的组织建设、制度建设、作风建设，推动行业党建工作不断发展。切实加强思想教育，开展廉洁从业警示教育活动，真正做到立足岗位、扎实工作、清正为人、诚信执业，共同创造并维护风清气正、良好有序的执业环境。

（二）以党建带团建，发挥团员生力军作用

广州注协结合行业的业务特点和青年的实际特点，围绕事业发展和诚信建设，积极开展团组织活动，努力发挥青年团员的生力军作用。行业团委在行业党委带领下，探索非公有制经济组织团建工作，一方面，发挥先进典范作用。积极配合开展“五四红旗团支部”“全国青年岗位能手”“青年五四奖章”“优秀团员（干部）”的评选表彰工作，激励和调动广大团员青年的积极

性，鼓励行业青年立足岗位、建功立业。另一方面，积极开展青年活动。行业团委积极组织行业单身青年参加“缘来有你”大型青年联谊活动，为行业青年建设交友平台。

（三）以党建带工建，促进行业工会建设

广州注协指导行业工会，关注劳动合同和社保问题，对行业员工购买“五险一金”的情况进行抽查，保障行业员工的合法权益。建设职工之家，坚持主动维权、依法维权、科学维权，推动《劳动合同法》等法律法规的贯彻实施，为协调劳动关系提供法律保障，促进行业健康稳定发展。同时，广州注协引导加强工会建设，积极开展丰富多彩的文体活动，通过组织行业羽毛球友谊赛以及协助省注协组织“诚信杯篮球赛暨粤港澳会计行业篮球友谊赛”等形式，丰富行业从业人员的业余文化生活。

第三篇

广州地区会计师事务所发展概况

一、数量及区位分布情况

（一）数量情况

随着供给侧结构性改革、创新驱动发展和“一带一路”等战略的深化，近年来，广州地区经济不断发展，为注册会计师行业的发展提供了内在动力。2013—2017年，广州地区会计师事务所数量略有波动，发展总体平稳。截至2017年12月31日，广州地区共有会计师事务所223家（见图3-1）。同期，广东省会计师事务所总数为852家，全国会计师事务所总数为8 679家，广州地区占比分别为26.17%和2.57%。

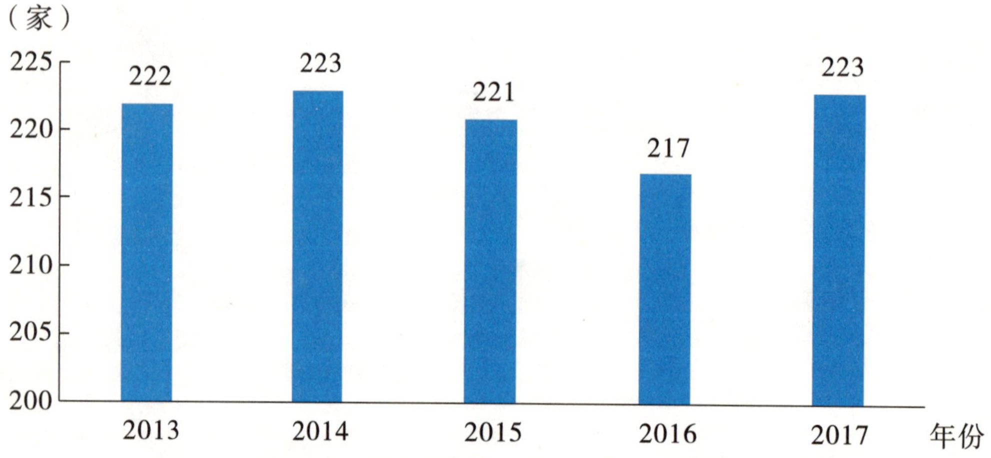

图3-1 2013—2017年广州地区会计师事务所数量变化情况

2013—2017年，全国会计师事务所数量逐年保持一定幅度的增长（见图3-2），同时期，广州地区会计师事务所数量则有所波动，但基本保持稳定，总体发展情况平稳（见图3-1）。从2017年来看，全国会计师事务所总数比2016年增加87家，广州地区会计师事务所总数比2016年增加6家，占比6.90%。

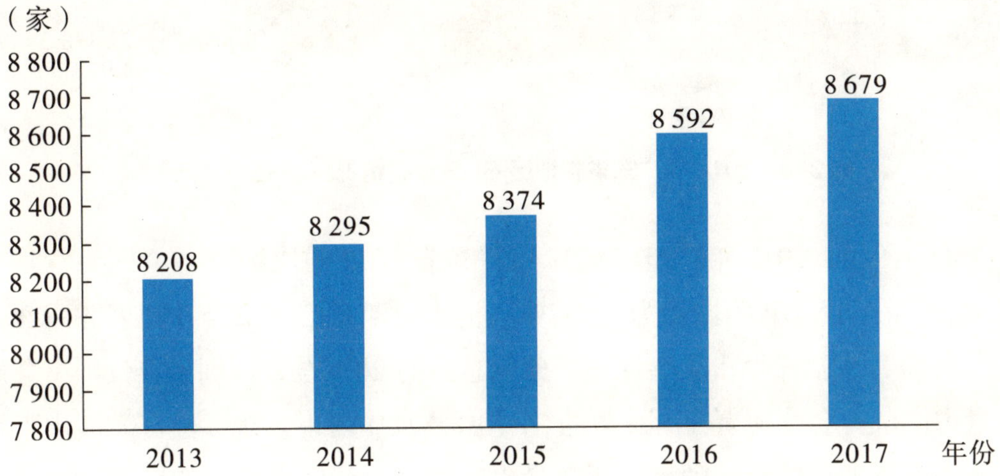

图3-2　2013—2017年全国会计师事务所数量变化情况

（二）区位分布情况

地区经济发展水平与会计师事务所数量紧密相关，截至2017年底，全国会计师事务所数量最多的三个地区分别是广东省、北京市和山东省。其中，广东省会计师事务所数量最多，共852家（其中深圳265家），占全国总数的9.82%。为了进一步比较经济发展情况与会计师事务所数量之间的关系，选取了广东省各地区国内生产总值（GDP）占全广东省GDP的比例进行直观反映（见图3-3）。

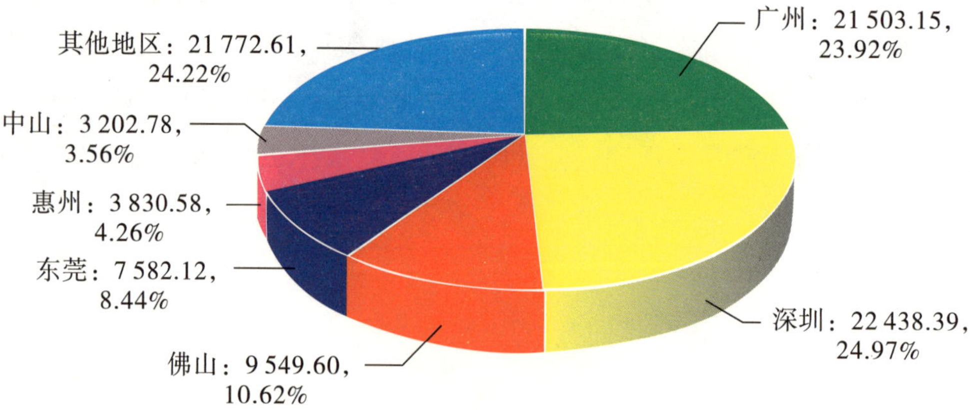

图 3-3 2017 年广东省各地区 GDP 分布情况（单位：亿元）

依照图示，2017 年广州市 GDP 占广东省 GDP 的比例为 23.92%，深圳市 GDP 占广东省 GDP 的比例为 24.97%。相比同期，广州市会计师事务所数量占广东省（包括深圳市）会计师事务所总数的 26.17%，深圳市会计师事务所数量占广东省会计师事务所总数的 31.10%。从中可以发现，经济发展水平较高的地区所拥有的会计师事务所数量也较多，会计师事务所的发展与经济发展水平紧密相关。同时，各地区会计师事务所数量也与其人力资源、政治经济资源、教育资源等因素紧密相关。广州市作为广东省的省会城市以及全国一线城市，政治经济资源、教育资源、文化科技资源等集聚，所以会计师事务所数量也较为集中。

从地区分布上看，截至 2017 年底，根据广州地区会计师事务所注册地信息，会计师事务所数量最多的两个区是天河区和越秀区，分别有 91 家和 60 家，占广州地区会计师事务所总数的 40.81% 和 26.91%。其他地区会计师事务所数量相对比较分散，如海珠区、番禺区和黄埔区的数量分别为 11 家、8 家和 4 家，占比分别为 4.93%、3.59% 和 1.79%。根据 2013—2017 年的统计数据发现，这样的占比情况基本稳定，天河区和越秀区始终占有较大份额。广州地区会计师事务所的地区分布情况进一步印证会计师事务所的数量与经济发展水平紧密相关，天河区和越秀区为广州市的中心城市区，人口密集，交通便利，是广州金融、文化中心，经济发展较快，因此，大量会计师事务所选择在这里落户（见图 3-4）。

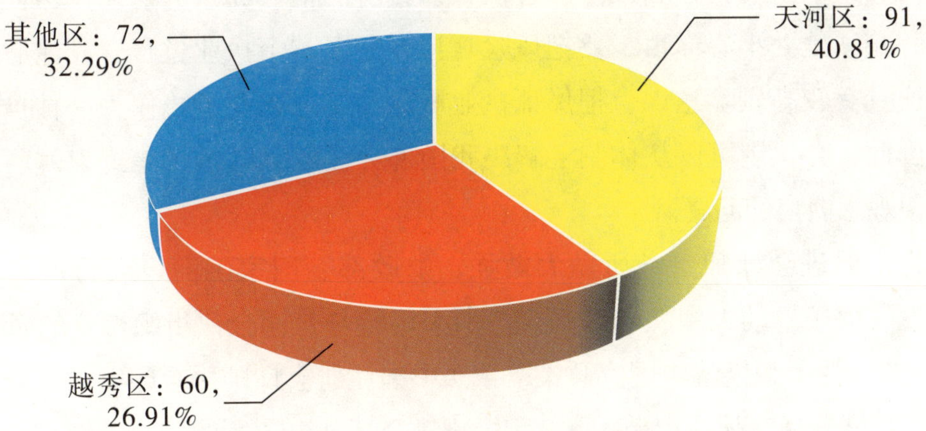

图 3-4　2017 年广州地区会计师事务所地区分布情况（单位：家）

二、组织形式变化情况

（一）组织形式变化情况

按照《中华人民共和国注册会计师法》的规定，会计师事务所有两种组织形式：有限责任制和合伙制。

有限责任制会计师事务所是由股东以其所认缴的出资额为限对会计师事务所承担责任，会计师事务所以其全部财产对会计师事务所的债务承担责任。

合伙制会计师事务所的债务，由合伙人按照出资比例或者协议的约定，以各自的财产承担责任，合伙人对会计师事务所的债务承担连带责任。合伙制又分为普通合伙制和特殊普通合伙制。在普通合伙制下，无过错合伙人也需要承担无限连带责任，显然对于无过错合伙人而言不公平。而特殊普通合伙制克服了这一缺陷，在执业活动中因故意或者重大过失造成合伙企业债务的合伙人承担无限责任或者无限连带责任，其他合伙人以其在合伙企业中的财产份额为限承担责任；合伙人在执业活动中非因故意或者重大过失造成的合伙企业债务以及合伙企业的其他债务，由全体合伙人承担无限连带责任。

相比之下，有限责任制会计师事务所承担的风险和责任比合伙制小得多。注册会计师行业是一个风险高，要求从业人员具有较强的专业能力和专业经验，并强调较高的职业道德的行业。合伙制会计师事务所的连带责任加大了出资人承担的责任和风险，合伙人以自身的信誉和家庭财产作保证进行经营，必须处处小心谨慎，要把风险意识贯穿于整个执业过程，其注册会计师普遍具有较高风险意识，把保证执业质量和遵守职业道德作为一种自觉行为。因此，合伙制可以从体制上解决我国部分注册会计师风险意识薄弱、职业道德观念淡漠的问题。

为了促进会计师事务所做大做强，财政部、国家工商行政管理总局联合印发《关于推动大中型会计师事务所采用特殊普通合伙组织形式的暂行规定》。广州注协积极响应国家政策，依照中国注册会计师协会印发的《会计师事务所特殊普通合伙协议范本》，积极推进会计师事务所的转制工作，优化会计师事务所的组织形式，有力地提升了广州地区会计师事务所的整体质量。

具体来看，广州地区有限责任制会计师事务所数量呈减少态势，从2013年的120家（含分所，下同）到2017年的109家，占广州地区会计师事务所总数的百分比从54.05%下降到48.88%；普通合伙制会计师事务所数量有小幅增长，从2013年的79家发展到2017年的85家，占广州地区会计师事务所总数的百分比从35.59%增加到38.12%；特殊普通合伙制会计师事务所数量也呈现小幅增长的态势，从2013年的23家发展到2017年的29家，占广州地区会计师事务所总数的百分比从10.36%增加到13.00%。（见图3-5）

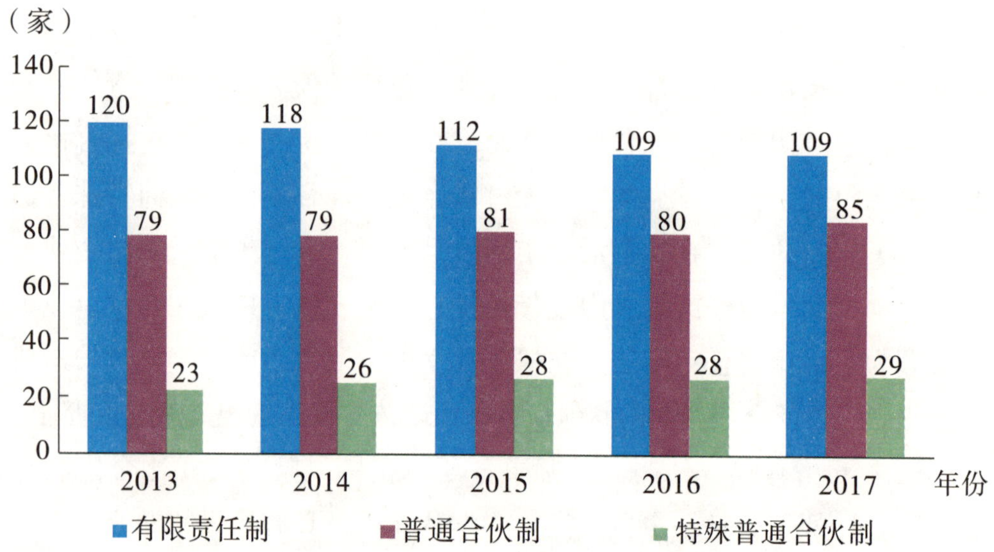

图3-5 2013—2017年会计师事务所组织形式变化情况

（二）从事证券、期货业务的会计师事务所的情况

会计师事务所提供证券、期货相关的审计服务需要具备财政部和证监会颁发的从事证券、期货业务资格许可证，能从事证券、期货业务的会计师事务所在业界被称为“证券所”（以下作为简称）。2012年9月，财政部、中国证监会等部门印发了《关于证券资格会计师事务所转制为特殊普通合伙会计师事务所的有关业务延续问题的通知》，全面推动证券所转制为特殊普通合伙制形式。广州注协与证券所沟通协调，积极帮助推进转制进程。截至2017年12月31日，广州地区共有26家证券所转制为特殊普通合伙制形式。

2017年，26家证券所的收入总计为22.119 3亿元，占广州地区注册会计师行业总收入的61.57%；证券所的从业人数为5 321人，占广州地区注册会计师行业从业人数的44.39%；其中注册会计师人数为1 165人，占广州注册会计师总人数的34.39%。由以上比例可知，证券所收入占行业总收入的比例远高于证券所注册会计师占行业注册会计师总数的比例，说明市场中的高附加值业务更多地集中在证券所，证券所的业务有较高的竞争优势，发展情况总体向好。

（三）合伙人执业质量

2011年12月22日，中国注册会计师协会发布《关于规范为拟设立会计师事务所合伙人或者股东出具证明工作的指导意见》（以下简称《指导意见》），要求对拟设立会计师事务所合伙人（股东）提交申请材料的真实情况、职业道德水平和专业胜任能力等出具证明，并将出具证明工作与注册会计师任职资格检查和执业质量检查工作结合起来，对现有合伙人或股东的职业情况定期进行检查，对当年新设立会计师事务所的合伙人或股东的执业情况全部进行实地检查。广东省注协开展新设会计师事务所合伙人（股东）出具证明工作，同时设立专门出具证明的机构。

广州注协在配合广东省注协开展出具证明工作的同时，针对在广州地区设立新的会计师事务所建立了面谈制度，在广州地区设立新的会计师事务所都要遵守这个制度，面谈会议出席人为新设会计师事务所的合伙人或股东，

广州注协的相关负责人通过见面会了解新设会计师事务所基本情况与未来发展方向，并向新设所介绍广州地区行业发展情况、地区发展特色以及协会各部门的运作与事务办理流程，为新设会计师事务所的成立提供了引导和协助，有效地增进了双方的沟通了解，建立友好协作关系。后续会继续对合伙人（股东）进行监管，组织多次的面谈会议宣传注册会计师行业的相关管理规定，要求会计师事务所加强质量控制和内部监督，切实增强风险意识，规范执业、诚信执业。广州注协 2014 年至 2017 年累计进行了 31 次面谈会议。通过这些举措，发挥了广州注协的行业专业优势、管理优势和信息优势，有力保障了广州地区新设会计师事务所的质量。

三、业务情况及发展趋势

（一）业务类型情况及发展趋势

会计师事务所的业务总体可分为：鉴证业务与非鉴证业务。鉴证业务主要是与审计相关的业务，包括年度报表审计、IPO 审计、兼并和收购审计、清产核资、清算审计、离任审计、诉讼事项审计、绩效评价审计、财政专项资金审计、高新技术企业认定专项审计等。非鉴证业务主要是与咨询和服务相关的业务，包括会计服务、税务服务、管理咨询服务和其他专业服务等，具体包括兼并收购决策支持、税务规划、内部管理制度建设、财务会计制度建设、企业内部控制体系建设和评价、财务顾问、代理记账、代理纳税申报、代办申请注册登记、审核企业前景资料、企业 IT 咨询服务等。

目前，广州地区的会计师事务所的主要经营业务收入还是来自于审计业务，财务报表审计业务一直是会计师事务所的重要业务，其比重依然较高。但近些年来，非财务报表审计和其他非审计业务逐年增多，所占比重越来越大。

一方面，非财务报表审计业务的增幅逐渐扩大，主要为各种专项审计业务。专项审计的业务量呈现连续上升的趋势，在审计业务中的比重逐渐提高。其业务种类也更为丰富，除了传统的清算审计、验资、外汇审计、清产核资业务以外，高新技术企业认定高新技术产品（服务）收入专项审计、高新技术企业认定研发费用专项审计、诉讼事项审计、绩效评价审计、财政专项资金审计等业务逐渐增多，尤其是高新技术企业认定专项审计的业务得到迅猛发展。

另一方面，广州地区会计师事务所在非审计业务方面也取得积极进展。会计服务、税务服务、管理咨询服务和其他专业的服务量逐年增加。很多会计师事务所在保留传统业务的基础上，采取更多的措施，开拓了一些有特色、有新意的业务，逐渐降低审计业务的比重，由传统的审计服务逐步转型为全方位、深层次的专业服务，即知识密集型的多元化服务。很多会计师事务所利用税务师事务所、资产评估公司的业务平台，拓展相关咨询业务，以期满足客户多层次、多元化的业务需求。

从会计师事务所业务的发展趋势来看，随着政府会计准则的实施，政府越来越重视财政资金审计监管，为更好地达到这一目标，政府部门逐步将政府审计业务推向市场，委托会计师事务所进行审计外包业务，与此同时，公共卫生机构、大中专院校以及基金会等非营利组织的财务报表审计服务也将全面展开，新业务和新领域带来了注册会计师行业业务新的增长点。

财政部等五部委制定发布《企业内部控制基本规范》和《企业内部控制配套指引》后，上市公司内部控制审计制度和自我评价制度已基本建立，实施范围不断拓展至中央企业、金融机构等，内部控制审计业务也成为近几年会计师事务所新的业务增长点。

自党的十九大召开以来，随着供给侧结构性改革的深入，市场经济的多元化发展和国家政策法规的进一步完善，注册会计师的职业价值正从经济鉴证向价值管理转变，从合规性治理向经营性治理和风险管理转变。各类会计师事务所都在积极转型适应国家的发展，寻找合适的定位与发展方向，国际会计师事务所正在向高端咨询服务方面转型，内资大型会计师事务所也在拓展会计咨询、税收筹划等非审计业务，而中小型会计师事务所积极发展更为精细、更为便捷灵活的各种专项服务。

（二）业务地域范围情况及发展趋势

目前，广州地区会计师事务所的业务地域范围主要还是集中在广州本地，主要依托于广州市的经济发展。但近些年来，其业务的地域范围也逐渐向广东省内其他城市以及全国各地拓展。2012 年广州地区会计师事务所在广州市以外的业务主要集中在广东省内其他城市、广西壮族自治区、贵州省、海南省、福建省和湖南省。截至 2017 年末，广州地区会计师事务所在广州市以外的业务已经拓展到了更大范围，除了之前已有的区域外，还涉及北京市、上海市、江苏省、安徽省、四川省、河南省、河北省、甘肃省、辽宁省、西藏自治区等区域。随着广州市以外业务的拓展，其业务量占广州地区会计师事务所业务量的比例也在不断提升（见图 3-6）。

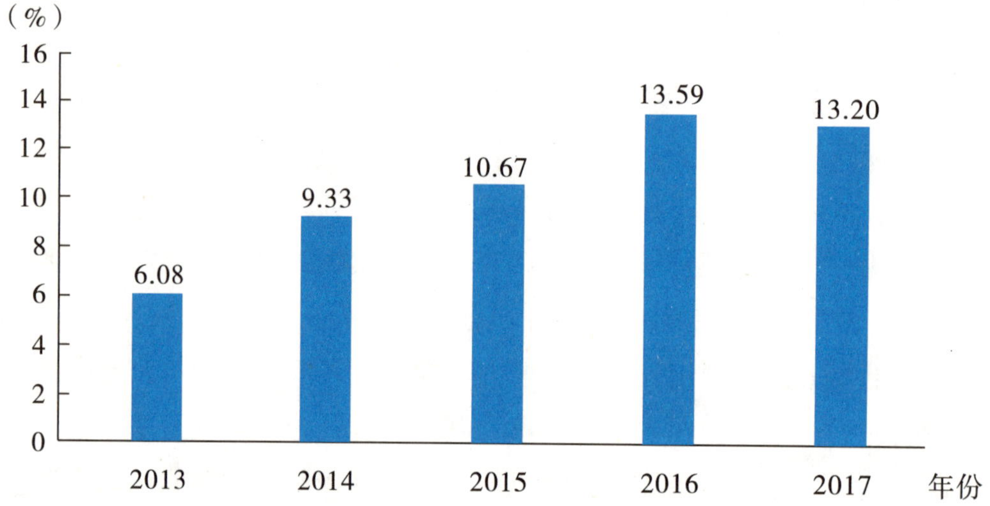

图 3-6　2013—2017 年广州地区会计师事务所在广州市以外的业务占比变化情况

从境外业务来看，2013 年以前，广州地区会计师事务所的境外业务比较少，但到 2017 年，广州地区会计师事务所的境外业务已扩展到美国、英国、法国、德国、新加坡、老挝、柬埔寨、中国香港澳门特别行政区、刚果、尼日利亚等多个国家和地区。境外业务的发展主要受到两方面因素的影响：首先，财政部持续推进会计审计准则国际趋同等效，一直在积极参与国内外、多双边会计服务市场开放磋商，推动大中型会计师事务所的国际化发展，同时采取多种措施加强跨境审计监管。2015 年，财政部印发《会计师事务所从事中国内地企业境外上市审计业务暂行规定》，将会计师事务所从事中国内地企业境外上市审计业务行为纳入监管范围。其次，在“一带一路”的热潮下，随着越来越多的中国企业进军国际市场，注册会计师行业也迎来了前所未有的机遇。广州地区会计师事务所在中国企业进军国际市场中扮演着重要角色，广州注协也一直致力于消除会计师事务所在“走出去”过程中遇到的信息、政策、管理等方面的障碍，支持引导会计师事务所通过新设、合并、合作等方式实现转型，以适应国际化需求，引导会计师事务所为在境外投资的中国企业提供跨境服务。

（三）主要客户对象情况及发展趋势

从服务的客户对象看，广州地区会计师事务所服务的客户对象范围广泛。2017 年，广州地区会计师事务所服务的户数共计 52 404 家，资产总额达 18.8 万亿元，涉及中国的境内上市公司、外商投资公司和在海外上市的内资公司等大型企业，还涵盖国有企业、民营企业、行政事业单位、社会组织等。

截至 2017 年末，广东省上市公司共 541 家，广州市共有上市公司 133 家，广州市上市公司绝大部分的财务报表审计以及其他相关服务是由广州地区会计师事务所提供。2017 年度，广州地区会计师事务所共为广州市及其他地区 123 家上市公司提供审计或者非审计业务。近年来，随着中国的境内和广州市的上市公司数量逐渐增多（见图 3-7、3-8），广州地区会计师事务所服务的上市公司数量也越来越多（见图 3-9）。整体而言，广州地区会计师

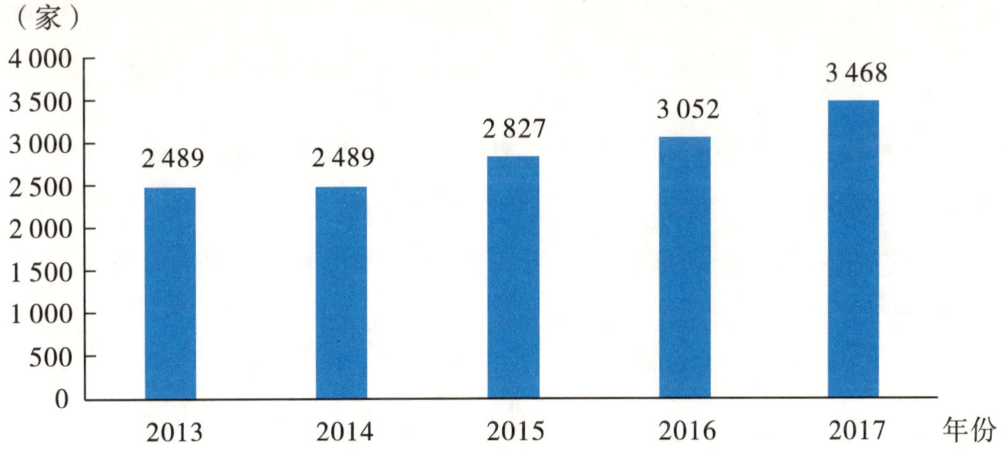

图 3-7　2013—2017 年中国的境内上市公司合计数

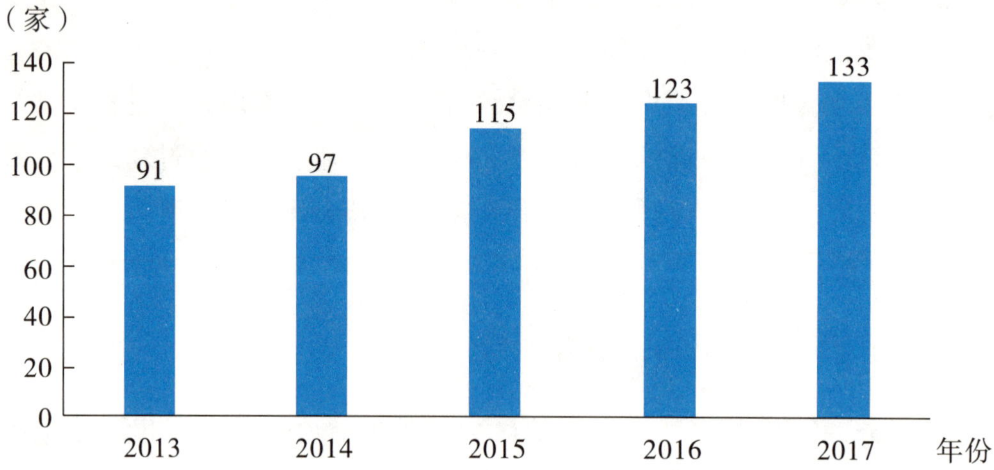

图 3-8　2013—2017 年广州市上市公司合计数

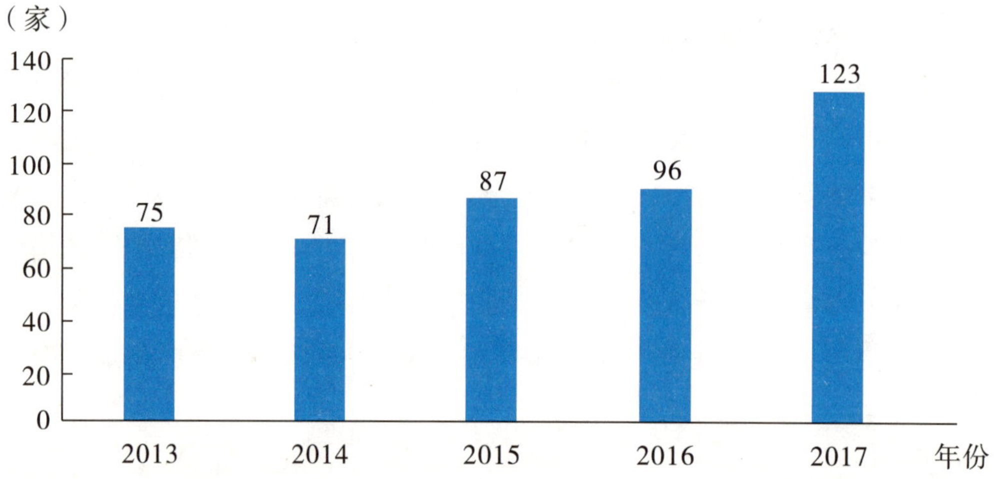

图 3-9　2013—2017 年广州地区会计师事务所服务的上市公司总数

事务所服务的上市公司数量发展趋势基本和中国上市公司数量以及广州市上市公司数量发展趋势一致。

国有企业对借助会计师事务所进行审计监督工作的重视程度逐步提高，从 2013 年到 2017 年，广州地区会计师事务所服务的国有企业客户数量也稳中有升。2017 年，广州地区会计师事务所服务的国有企业客户数已经达到 3 533 家（见图 3-10），服务的国有资产总额大体上达到 4.35 万亿元。

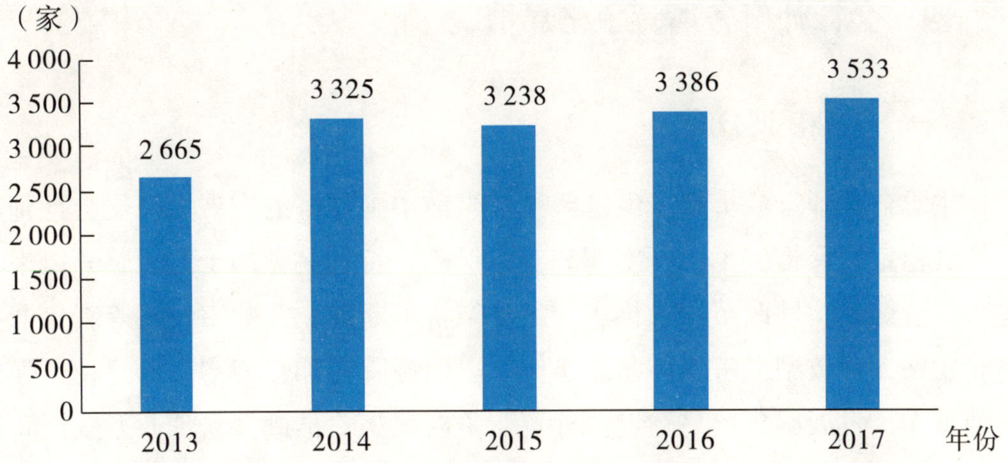

图 3-10　2013—2017 年广州地区会计师事务所服务的国有企业总数

随着政府会计准则的实施和国家政策的影响，政府越来越重视财政资金审计监管，各类政府审计业务成为会计师事务所近年快速增长的业务领域，政府采购项目明显增加。2017 年，广州地区会计师事务所提供政府采购项目服务 612 项，涉及金额合计超过 1 200 亿元，相较于 2013 年而言，政府采购的项目数量增长近 200%（见图 3-11）。

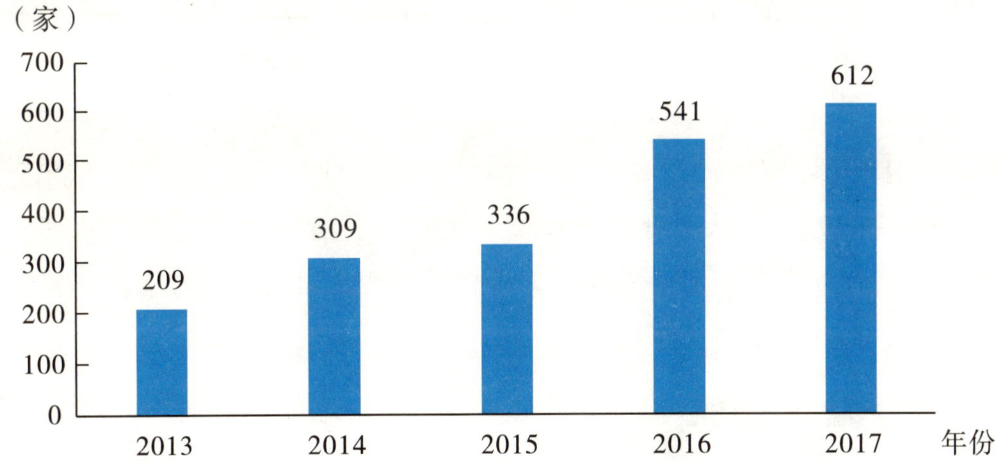

图 3-11　2013—2017 年广州地区会计师事务所的政府采购项目总数

四、会计师事务所竞争格局情况

（一）执业环境分析

注册会计师行业植根于经济沃土。当前中国经济的发展为注册会计师行业持续稳定发展提供了广阔空间和有力保障，特别是党的十九大召开以来，随着供给侧结构性改革深入推进，经济结构不断优化，数字经济等新兴产业蓬勃发展，开放型经济新体制逐步健全。国务院在加强资本市场建设、强化审计工作、发展服务贸易、增强外贸竞争新优势、推进大众创业万众创新等文件中对大力发展注册会计师行业提出明确要求，为中国注册会计师行业平稳较快发展提供政策保障。

中国经济已由高速增长阶段转向高质量发展阶段，坚持质量第一、效益优先原则，推动经济发展质量变革、效率变革、动力变革，提高全要素生产率，着力加快建设实体经济、科技创新、现代金融、人力资源协同发展的产业体系。为适应国家政策，近年来广州经济增速已由高速向中高速换挡，但总体保持略高于全国、全省的速度。2017 年，广州市实现地区生产总值 21 503.15 亿元，按可比价格计算，比上年增长了 7.0%。其中，第一产业增加值为 233.49 亿元，下降了 1.0%；第二产业增加值为 6 015.29 亿元，增长了 4.7%；第三产业增加值为 15 254.37 亿元，增长了 8.2%。第一、二、三产业增加值的比例为 1.09：27.97：70.94。第二、三产业对经济增长的贡献率分别为 20.9% 和 79.3%。从中可以看出，广州地区第三产业发展迅猛，而注册会计师行业作为高端服务业，是第三产业的重要组成部分，将在服务国家经济发展中发挥越来越重要的作用。

（二）综合排名情况

围绕服务国家建设的主题和诚信建设这一主线，面对深化改革所带来的行业发展机遇与挑战，广州注册会计师行业充分发挥行业自律作用，科学定位，有序发展，力求使行业从量的“增长”转变到质的“成长”。从全国范围来看，根据《会计师事务所综合评价办法》，2016 年全国会计师事务所综合评价前 30 家中，在广州设立分所的总所有 17 家，在广州设立总所的有 1 家（见表 3–1），合计占比为 60%。从广州分所业务收入占全所业务收入的百分比中可以看出，广州分所占据较大份额，为全所的整体业务发展提供有力支撑。

表 3–1　2016 年全国综合评价前 30 家会计师事务所情况

会计师事务所名称	全国综合排名	全所业务收入（百万元）	在广州设立的机构	广州机构业务收入（百万元）	广州机构业务收入占比（%）
普华永道中天会计师事务所	1	4 117.33	分所	279.33	6.78
瑞华会计师事务所	2	4 030.15	分所	61.05	1.51
德勤华永会计师事务所	3	3 324.77	分所	320.29	9.63
立信会计师事务所	4	3 501.69	分所	157.50	4.50
安永华明会计师事务所	5	2 960.72	分所	139.45	4.71
毕马威华振会计师事务所	6	2 533.35	分所	217.82	8.60
天健会计师事务所	7	1 928.41	分所	106.01	5.50
信永中和会计师事务所	8	1 560.75	分所	48.18	3.09
天职国际会计师事务所	9	1 522.75	分所	72.22	4.74
大华会计师事务所	10	1 575.46	分所	16.61	1.05
致同会计师事务所	11	1 528.57	分所	29.06	1.90
大信会计师事务所	12	1 508.52	分所	28.83	1.91
中审众环会计师事务所	13	1 064.57	分所	62.86	5.90
中天运会计师事务所	15	766.77	分所	12.90	1.68
北京兴华会计师事务所	16	760.55	分所	10.92	1.44
众华会计师事务所	23	422.22	分所	18.40	4.36
广东正中珠江会计师事务所	27	343.48	总所	343.48	100
中勤万信会计师事务所	29	309.57	分所	30.30	9.79

省注协根据《广东省会计师事务所综合评价办法》编制发布的《2017 年广东省会计师事务所综合评价前百家信息》中，广州地区会计师事务所共有 45 家，占比 45%。与 2016 年相比，有 7 家退出，9 家新入；有 23 家名次上升，15 家名次下降，7 家名次未发生变动。其中，广东省会计师事务所前 30 强中，广州地区会计师事务所占 14 家，有 7 家名次发生变化（见表 3-2）。

表 3-2　2017 年广东省会计师事务所前 30 强中广州分所（总所）的名次变动情况

会计师事务所名称	名次	相较于 2016 年名次变动
广东正中珠江会计师事务所	1	持平
德勤华永会计师事务所广州分所	5	持平
普华永道中天会计师事务所广州分所	6	持平
毕马威华振会计师事务所广州分所	9	持平
立信会计师事务所广东分所	13	↓ 1
安永华明会计师事务所广州分所	14	持平
天健会计师事务所广东分所	15	持平
致同会计师事务所广州分所	18	↑ 2
广东中天粤会计师事务所有限公司	20	↓ 2
广东诚安信会计师事务所有限公司	21	↑ 1
中审众环会计师事务所广东分所	22	↑ 7
瑞华会计师事务所广东分所	24	持平
广州中职信会计师事务所有限公司	25	↓ 2
信永中和会计师事务所广州分所	27	↑ 3

（三）不同规模的会计师事务所发展比较

为了便于分析，将广州地区会计师事务所划分为三类：国际“四大”所（普华永道、德勤、毕马威、安永四大国际会计师事务所，简称“四大所”）、收入规模近年来稳定在 1 亿元以上的本地内资大型会计师事务所（简称“本地大所”），以及其他本地内资会计师事务所（简称“其他本地所”）。

近年来，三类会计师事务所收入均持续增长，但从收入的占比来看，本地大所收入占比快速增加，发展势头强劲，四大所和其他本地所尽管业务收入均在持续增加，但收入占比均有所下降。2013 年，广州地区会计师事务所年收入总额为 24.56 亿元，其中，四大所的年收入总额为 8.44 亿元，占比 34.36%；三家本地大所收入总额为 2.97 亿元，占比 12.09%；其他本地所收入总额为 13.15 亿元，占比 53.54%。2017 年，广州地区会计师事务所年收入总额增长到 35.93 亿元，其中，四大所的年收入总额为 10.63 亿元，占比 29.59%；三家本地大所收入总额 7.79 亿元，占比 21.68%，两者合计占比 51.27%；其他本地所收入合计 17.51 亿元，占比 48.73%。

这些数据显示，近五年来，年收入总额方面，本地大所业务发展最为快速，收入占比逐年快速增长；尽管四大所收入总额平稳增长，但占比有所下降，在行业中仍然占有较大份额；剩余 200 余家其他本地所业务收入平稳增长，占比有所下降，收入相对比较分散。

四大所占有较大的市场份额并且承接上市公司数量也较为集中，其他本地所需要寻找自身特色，重新确定发展方向。从业务结构看，本地大所正在积极寻求业务转型，凭借多年提供审计服务积累的经验，使其有能力提供高质量的管理咨询、财务咨询、税务咨询和企业内部风险控制等非审计服务。这些业务相比审计业务具有收益高、风险较低的特点。而其他本地所数量多、规模小、抗风险能力差，在非鉴证业务方面难以取得客户的信任，业务结构仍以低收益的审计、验资业务为主，受政策变动的影响较大。在传统鉴证业务之外，其他本地所需要紧跟国家政策趋势，及时提供所需的专业服务，比如：高新技术企业认定高新技术产品（服务）收入专项审计、高新技术企业认定研发费用专项审计、政府财政资金审计、农村经济财务审计等专项审计，积极响应，主动调整，适应政府、市场的新业务需求，精耕细作，夯实基础，逐步巩固自身的竞争优势。

五、会计师事务所责任保险情况

为进一步完善我国会计师事务所行业风险管理，推动建立会计师事务所执业责任保险制度，2015 年 6 月 30 日，财政部、保监会联合发布了《会计师事务所职业责任保险暂行办法》，按照职业责任保险合同的约定，会计师事务所支付一定金额的保费，当约定的保险事故发生并造成经济损失时，保险公司按照保险合同承担赔偿保险金的责任。

目前，我国会计师事务所一直采取以自身的职业风险基金为主、以购买的职业责任保险为辅的抵御职业风险模式。随着会计师事务所业务的发展，会计师事务所面临的职业责任风险日益增加，传统的职业风险基金模式由于其易被挪用、易引发分配争议、资金占用成本高、无法放大保障效应等明显缺陷，已经不能满足会计师事务所业务发展的需要，由职业风险基金为主转向职业责任保险为主已是大势所趋。

为建立和加强注册会计师职业风险保障机制，广州注册会计师行业根据《会计师事务所职业责任保险暂行办法》的精神，鼓励广州地区会计师事务所加强内部控制、提升执业质量、树立风险意识，积极购买职业责任保险，并从协会每年的会费结余中提取一定比例作为会计师事务所购买职业责任保险的补贴经费，对所有参加协会集中投保或者自行投保的、参加总所或全球所统保的会计师事务所给予相应补贴。广州地区会计师事务所自 2012 年起就开始投保，2012 年至 2017 年投保的会计师事务所数量从 30 家增加到 42 家；2017 年交纳的保费达到 1 325 万元，协会补助达到 106 万元。协会对投保的补助计划有力地提高了广州地区会计师事务所参与投保的积极性。

第四篇

广州注册会计师行业收入概况

一、收入总量情况

2017 年，广州注册会计师行业实现业务收入 35.93 亿元，较 2013 年增长 11.37 亿元，年均增长 9.98%，领先近五年全国年均 GDP 增速（7.3%）2.68 百分点（见图 4-1）。2017 年，广州地区 223 家会计师事务所年均创收 1 611.01 万元，较 2013 年增长 504.59 万元，年均增长 9.85%（见图 4-2），业务收入实现持续快速增长。

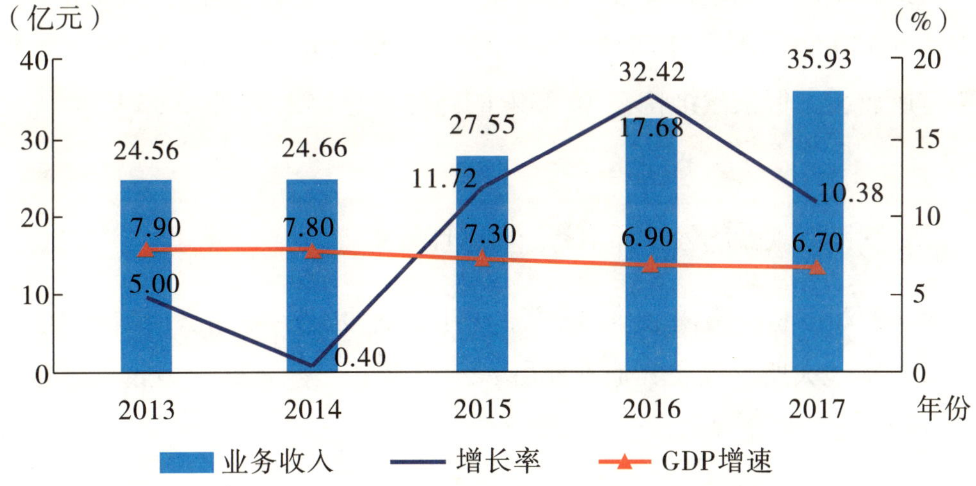

图 4-1　2013—2017 年广州注册会计师行业业务收入及增长率

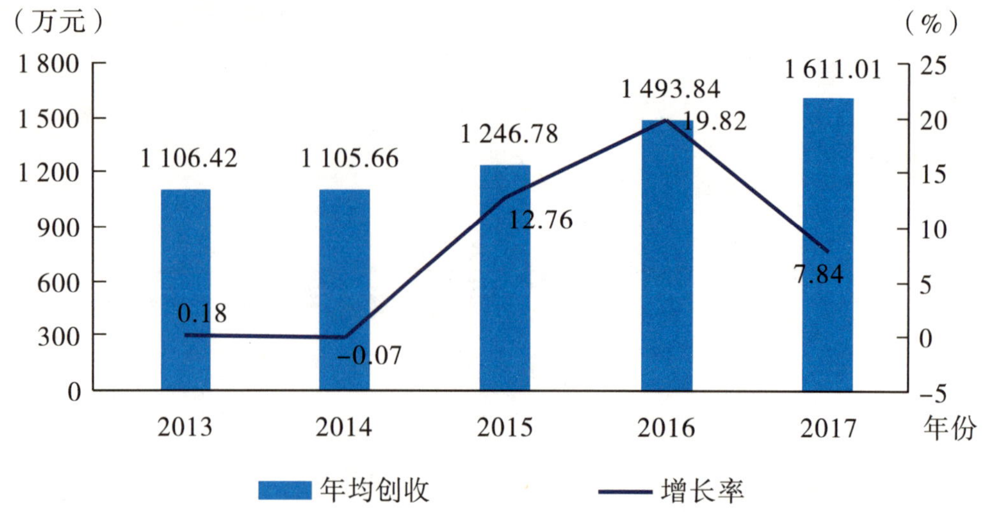

图 4-2 2013—2017 年广州地区会计师事务所年均创收及增长率

（一）行业收入总量分析

广州注册会计师行业主动适应经济发展新形势，积极拓展业务范围，不断提高服务水平，业务收入实现持续快速增长，行业整体发展态势良好。

2013—2017 年，行业收入不断增长，除 2014 年受商事制度改革和“放管服”政策调整的影响增长较慢外，其余年份均增长显著。特别是 2016 年，增长率达到 17.68%，是五年间增长率最高的一年。2017 年行业营收增速虽较上一年有所放缓，但依然维持在 10.83% 的高位，总收入达到 35.93 亿元（见图 4-1）。

（二）不同规模的会计师事务所收入比较

为了便于分析，沿用之前的分类，将广州地区会计师事务所划分为三类：四大所、本地大所，以及其他本地所。2017 年，广州地区业务收入排名前十的会计师事务所见表 4-1。

表 4-1　2017 年广州地区业务收入前十的会计师事务所

排名	会计师事务所名称	业务收入（万元）	上年排名	名次变化
1	广东正中珠江会计师事务所	46 514.79	1	持平
2	德勤华永会计师事务所广州分所	34 768.78	2	持平
3	普华永道中天会计师事务所广州分所	31 653.87	3	持平
4	毕马威华振会计师事务所广州分所	23 890.01	4	持平
5	立信会计师事务所广东分所	17 946.53	5	持平
6	安永华明会计师事务所广州分所	16 024.88	6	持平
7	天健会计师事务所广东分所	13 447.73	7	持平
8	广东诚安信会计师事务所有限公司	7 181.891	13	↑ 5
9	致同会计师事务所广州分所	6 874.661	8	↓ 1
10	广东中天粤会计师事务所有限公司	6 077.001	11	↑ 1

五年来，本地大所总收入保持快速增长，发展势头强劲，与四大所的总收入差距逐渐缩小（见图 4-3）。会计师事务所平均收入的对比则更为明显，本地大所从 2013 年的 0.99 亿元增至 2017 年的 2.60 亿元，年均增长率高达 27.30%；而四大所在 2013 年的所均收入为 2.11 亿元，到 2017 年所均收入为 2.66 亿元，年均增长率为 5.96%。2017 年，本地大所平均创收基本和四大所持平（见图 4-4）。其他本地所的所均收入从 2013 年的 612 万元增加到 2017 年的 811 万元，年均增长率为 7.30%。

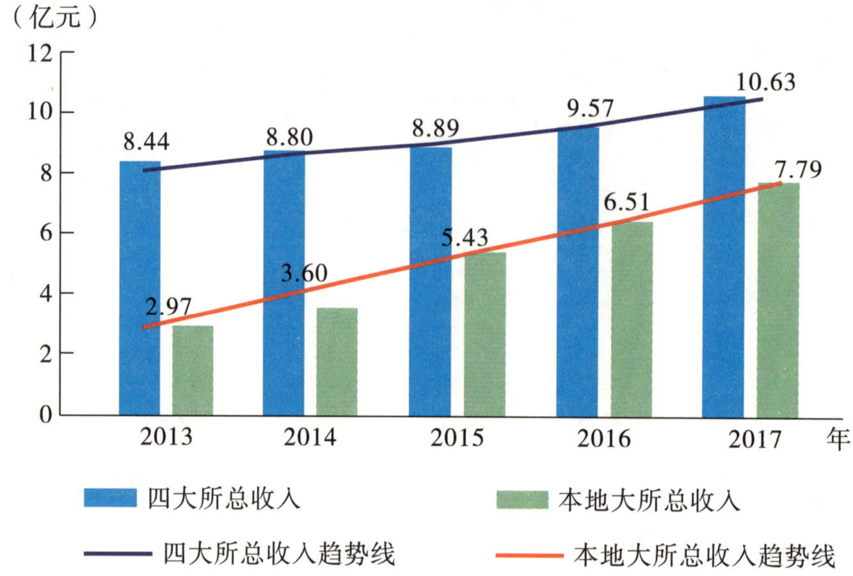

图 4-3　2013—2017 年四大所与本地大所总收入对比

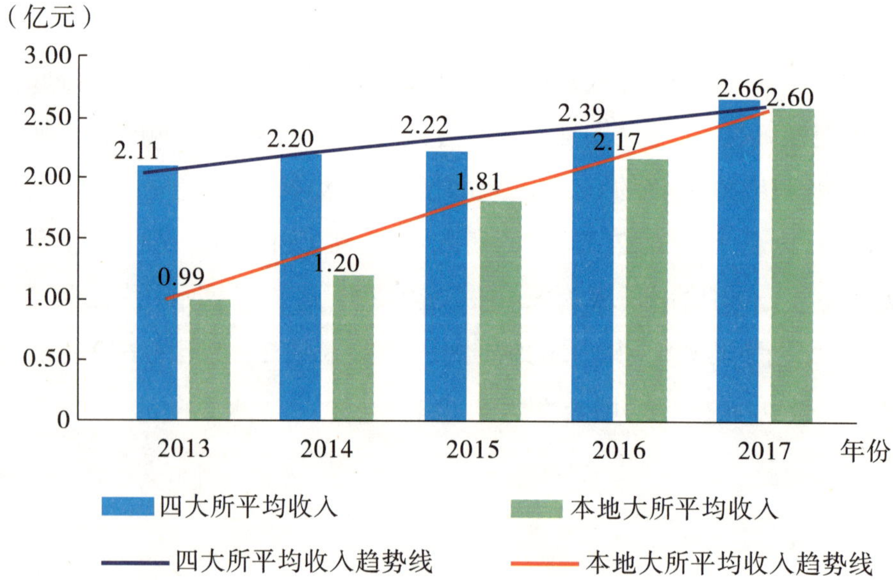

图 4-4　2013—2017 年四大所与本地大所平均收入对比

就收入总量而言，四大所近年来变化不大，增速较为平稳，从 2014 年开始，收入占比开始逐年缓慢下降，到 2017 年四大所收入占比降到了

29.59%（见图 4-6）。本地大所收入增长势头强劲，收入占比逐年上升，从图 4-6 中可以看到，本地大所收入占比从 2013 年的 12.11% 上升到 2017 年的 21.68%。其他本地所与本地大所相比，收入总量的增长幅度更小，收入占比除在 2016 年略微上升外，在其他年份均呈下降趋势（见图 4-5、4-6）。

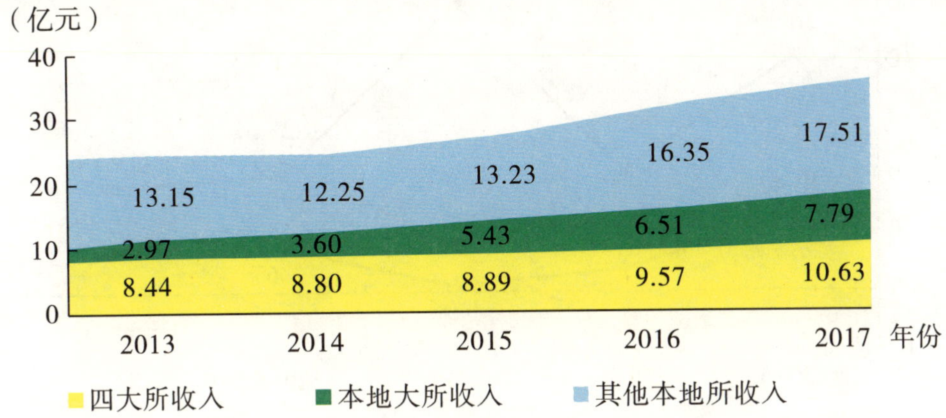

图 4-5 2013—2017 年三类会计师事务所收入总量

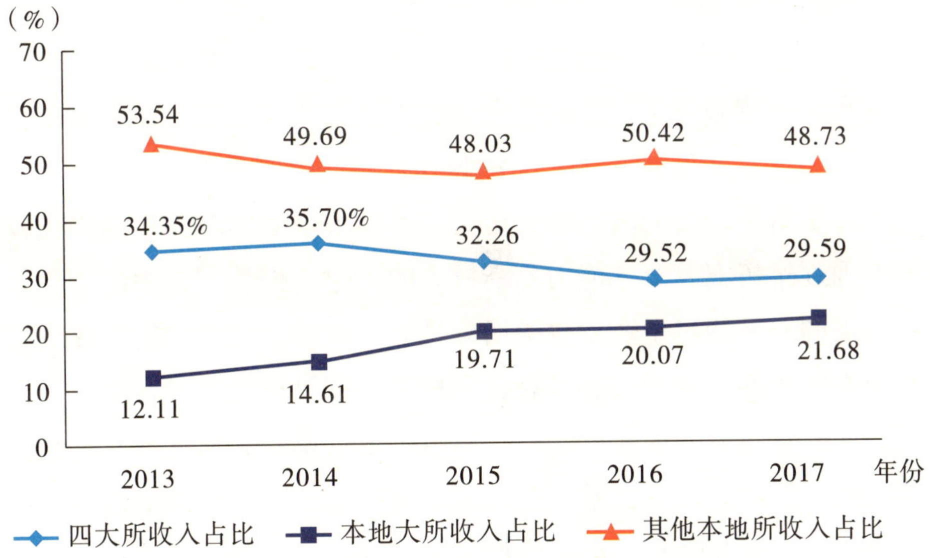

图 4-6 2013—2017 年三类会计师事务所收入占比

就收入增速而言，四大所以 2015 年为低点，呈现出先降后升的趋势。究其原因，一是前述分析已提及的商事制度改革，二是恰逢转型“阵痛期”。除 2016 年外，本地大所收入增速始终处于最高水平。在三类会计师事务所中，本地大所也拥有最高的年均收入增幅。其他本地所的收入增速波动最大，特别是在 2013 年和 2014 年，甚至出现负增长的现象（见图 4–7）。

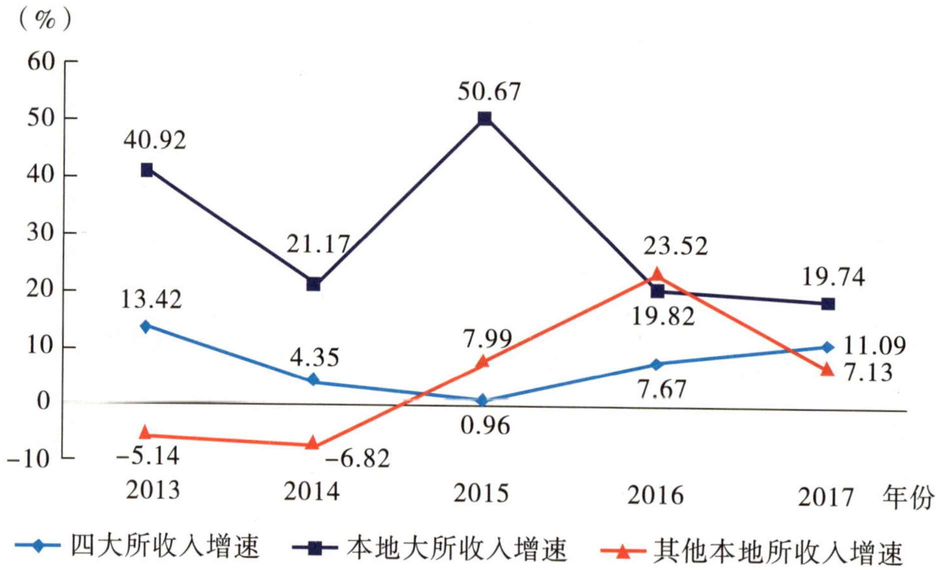

图 4–7　2013—2017 年三类会计师事务所收入增速

三类会计师事务所收入总量及其增长率的变化不难解释：就四大所而言，其现有客户较为稳定，目标客户主要为 A 股上市公司和海外上市公司、大型国企、央企和企业集团。在 GDP 增速放缓的大背景下，处于转型关键期的四大所必定承受较大的收入增长压力。本地大所对客户需求的响应较快，在业务范围逐年拓宽、执业能力不断提高的同时，保持了适中的收费水平，因此，提供的服务相对于业务收费而言具有一定的吸引力，客户数量增长较快。其他本地所的执业能力和经验、客户群、抗风险能力以及品牌等方面比大所弱，同时对政策的依赖度较高，商事制度改革对其他本地所的生存和发展影响最大，但随着高新技术企业认定专项审计、政府项目审计等新业务的发展，收入增速由负转正，渐入正轨。

（三）“北、上、广”会计师事务所收入比较

北京、上海、广州（简称“北、上、广”）作为全国经济发达城市的代表，其注册会计师行业的收入情况值得分析。以 2015 年为例，探讨注册会计师行业收入与地方经济发展的关系。

北、上、广三个城市在2015年的GDP总量排名中，广州落后于北京和上海，但增速略胜一筹，达到了8.34%。广州地区的注册会计师行业收入为27.55亿元，与北京的160.95亿元和上海的103.08亿元存在一定差距（见表4-2）。可见，在经济发达城市，市场更加活跃的区域更有利于注册会计师行业的发展，但各地注册会计师行业收入的增长与GDP增速没有绝对的对应关系。北京作为首都，设立的全国性会计师事务所总所众多；上海作为经济规模最大的城市，也设立了少量的全国性会计师事务所总所；广州没有一家全国性会计师事务所总所，这对广州注册会计师行业收入总量的影响较大。

广州注册会计师行业收入在2017年达到35.93亿元，但仍远不及2015年的北京和上海。一方面，这说明广州注册会计师行业发展和北京、上海相比仍存在明显差距，尤其是缺少全国性、跨区域的总所；另一方面，这也表明广州注册会计师行业增长潜力巨大。

表4-2　2015年注册会计师行业收入规模与地方经济总量对比

地区	注册会计师行业收入规模			地方生产总值（GDP）		
	排名	总量（亿元）	增幅（%）	排名	总量（亿元）	增幅（%）
北京	1	160.95	22.35	2	23 014.59	6.60
上海	2	103.08	9.24	1	25 123.45	7.89
广州	3	27.55	11.72	3	18 100.41	8.34

二、收入结构情况

（一）行业收入结构

1. 鉴证业务构成主要收入来源

鉴证业务主要包括年报审计和专项审计。目前常见的专项审计类型有清产核资、清算审计、外汇审计、验资、高新技术企业认定高新技术产品（服务）收入专项审计、高新技术企业认定研发费用专项审计、经济责任审计、离任审计以及财产损失税前扣除和研究开发费加计扣除等涉税鉴证业务。

从行业整体来看，鉴证业务收入比重虽然每年存在细微变化，但该类业务始终构成收入的主要来源，占总收入的 99% 以上（见图 4-8）。

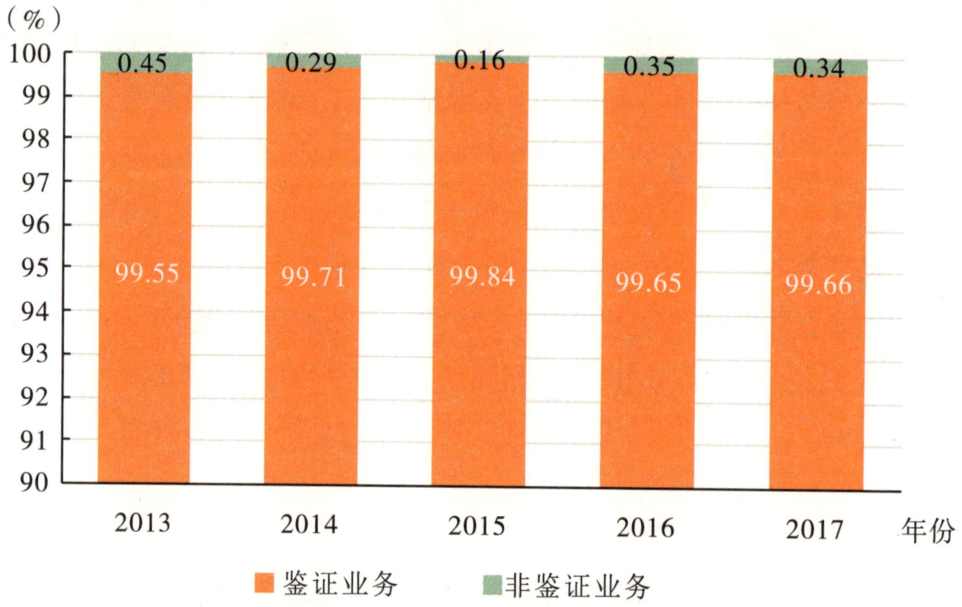

图 4-8　2013—2017 年鉴证业务与非鉴证业务占比①

2. 非鉴证业务前景广阔

2013—2015 年，非鉴证业务比重有所下降，此后开始回升，但占比仍然非常低（见图 4-8）。该类业务的增长主要得益于会计咨询业务的增加，以及税务代理业务的重新兴起。

以 2017 年为例，在非鉴证业务中，会计咨询业务比重最大，达 46.94%，收入同比增长 39.20%，成为推动非鉴证业务发展的重要动力。此外，税务代理占非鉴证业务收入的 20.87%，发展势头良好（见图 4-9）。尽管在行业营收总额中的比重仍不足 1%，与鉴证业务存在较大差距，但可以预期，随着供给侧结构性改革的深化、"一带一路"倡议和粤港澳大湾区建设的推进，社会对咨询服务的需求将更加旺盛，以会计咨询为代表的非鉴证业务拥有广阔的发展前景。

① 实时报备系统全面涵盖了鉴证业务数据，但非鉴证业务数据不完整，可能导致统计上的不准确。

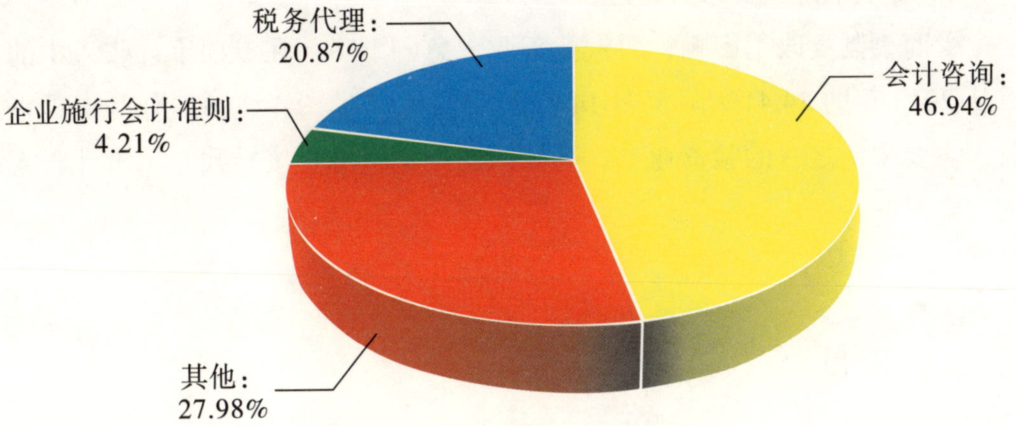

图 4-9　2017 年非鉴证业务构成

3. 年报审计收入稳中有升

就鉴证业务而言，年报审计收入占比稳中有升，自 2013 年的 69.51% 增至 2017 年的 74.23%。2015 年，年报审计占比高达 78.29%。除 2015 年外，年报审计与专项审计的收入比例保持在 7∶3 左右（见图 4-10）。

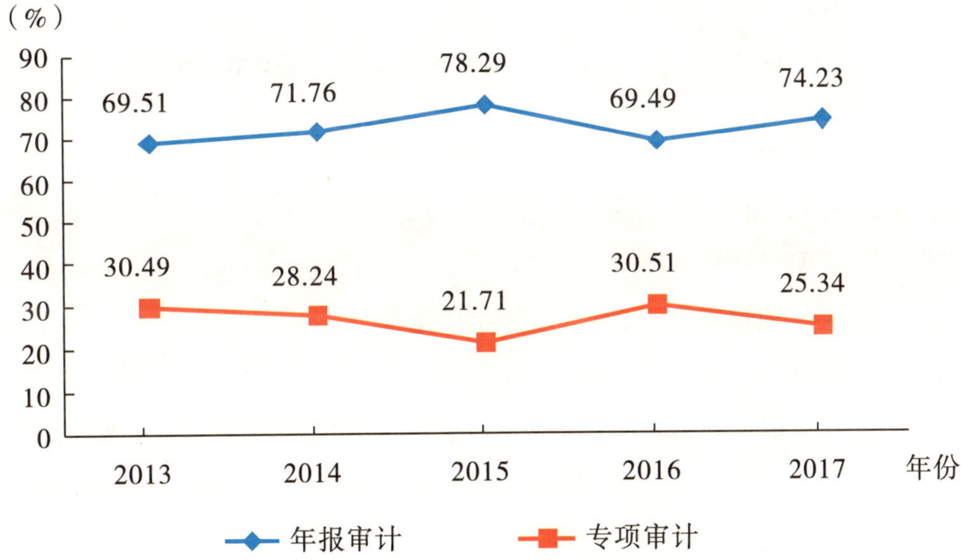

图 4-10　2013—2017 年鉴证业务中年报审计与专项审计收入占比比较

4. 专项审计发展态势良好

受商事制度改革影响，验资业务收入急剧下降，在专项审计收入中的比重从2013年的34.41%降至2014年的15.22%（见图4-11）。作为专项审计收入主要来源之一的验资业务，其收入的严重下滑直接导致专项审计收入占比大幅下降。

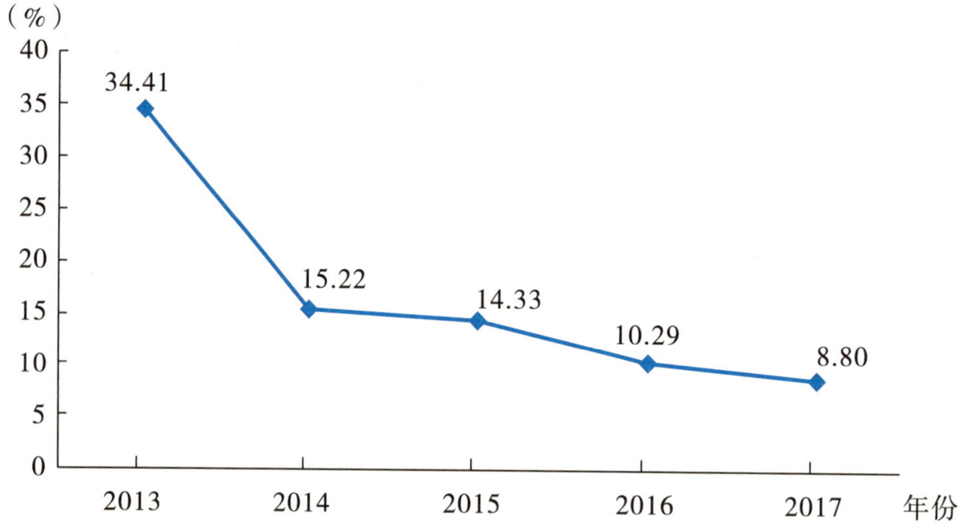

图4-11 2013—2017年验资业务收入占专项审计收入比例

2016年，科技部、财政部、国家税务总局印发修订后的《高新技术企业认定管理办法》，加大了对高新技术企业的支持力度，因此产生了大量高新技术企业认定专项审计业务的需求。2017年，高新技术企业认定高新技术产品（服务）收入专项审计和高新技术企业认定研发费用专项审计两项业务收入近7 000万元，同比增长115.68%。2017年，上述两项高新技术企业认定专项审计收入占专项审计收入累计收入合计的10.14%（见图4-12），超过验资业务收入的比重，成为专项审计业务收入的重要来源。专项审计业务逐步摆脱商事制度改革影响，呈现出良好的发展态势。

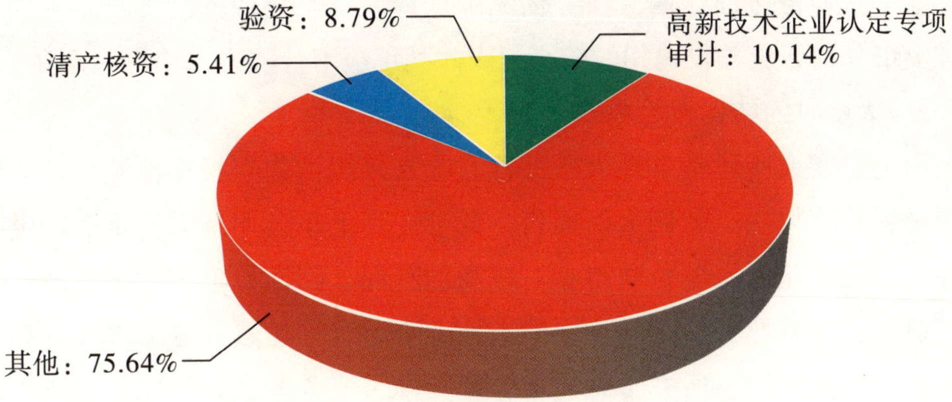

图 4-12　2017 年专项审计业务收入构成

（二）不同规模的会计师事务所收入结构比较

1. 年报审计仍为核心业务

2017 年，三类会计师事务所在业务结构上既有一致性，又呈现一定差异。就一致性而言，年报审计收入均为三类会计师事务所的主要收入来源，特别是对四大所来说，年报审计收入占比高达 95.00%，属绝对核心的收入来源（见图 4-13）。

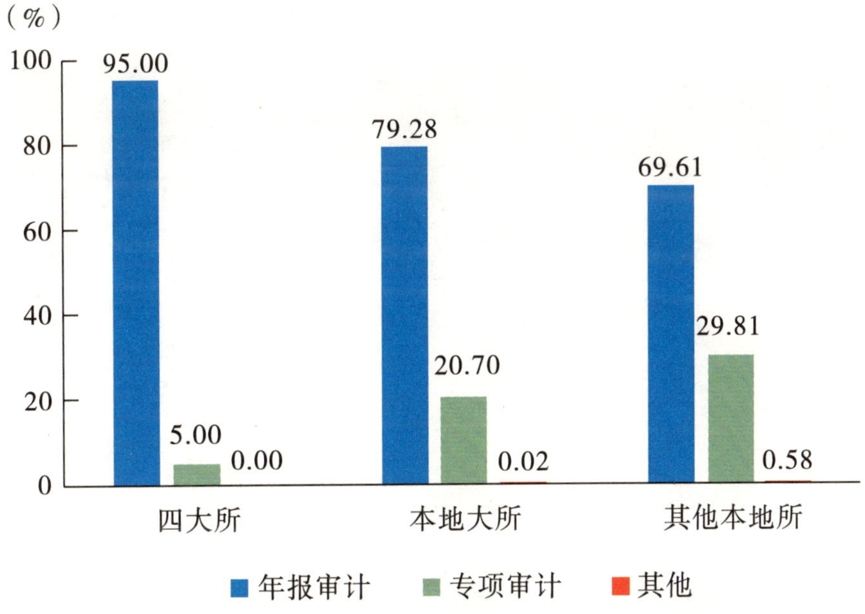

图 4-13　2017 年三类会计师事务所收入结构比较

在传统业务方面，四大所凭借品牌优势，所承接业务的客户多为知名企业和上市公司，业务收费相对较高，因此其年报审计收入占比也非常高。

2. 大所收入结构较为单一

无论是四大所还是本地大所，核心收入来源均为年报审计业务，整体的业务结构较为单一。就四大所而言，其专注为上市公司及大型企业提供高度专业化和标准化的服务，获得相对较高的利润，因而专项审计业务不仅收入占比极低，而且业务种类较少；就本地大所而言，虽然其专项审计业务开展较为广泛，几乎涉及所有常见业务，但其中主要业务只有验资、清产核资和专项审核报告三种（见表 4-3）。

四大所和本地大所均拥有证券业务资质，可以承接上市公司相关业务。这类业务一方面收费相对较高，从而推动大所业务收入增长；另一方面，上市公司业务也成为大所的主要收入来源。

表 4-3　2017 年本地大所专项审计业务构成

类别	比例（%）
验资	18.40
清产核资	4.46
专项审核报告	2.58
经济责任审计	1.54
合并审计	1.45
外汇审计	1.38
高新技术企业认定高新技术产品（服务）收入专项审计	0.86
高新技术企业认定研发费用专项审计	0.44
清算审计	0.32
其他涉税鉴证	0.01
其他	68.56

3. 其他本地所业务灵活程度高

和大所相比，其他本地所更多地为中小企业提供灵活便捷的服务，因此开展的业务种类更多，尤其是验资、高新技术企业认定专项审计等鉴证业务和会计咨询、税务代理等非鉴证业务。

高新技术企业认定专项审计［包括高新技术产品（服务）收入专项审计与研发费用专项审计］收入在其他本地所的专项审计收入中占据较大比重，共计占比约11.66%，其后则为外汇审计、验资、清产核资和专项审核报告等。

表 4-4　2017 年其他本地所专项审计业务构成

类别	比例（%）
外汇审计	8.26
验资	7.61
高新技术企业认定高新技术产品（服务）收入专项审计	5.89
高新技术企业认定研发费用专项审计	5.77
清产核资	5.70
专项审核报告	2.49
经济责任审计	0.93
清算审计	0.71
其他涉税鉴证	0.42
其他	62.22

与大所相比，其他本地所提供更多的非鉴证服务，主要包括司法会计鉴定、会计咨询、税务代理和企业施行会计准则。其中，会计咨询的比重最大，占 37.31%（见图 4-14），就 2017 年而言，这类业务基本由其他本地所提供。此外，大所未开展或很少开展的诸如税务代理、企业施行会计准则等业务，均成为其他本地所非鉴证业务的重要收入来源。上述服务的目标客户多为中小企业，兼顾价格与专业性是其他本地所开拓业务、积极转型的重要方向。

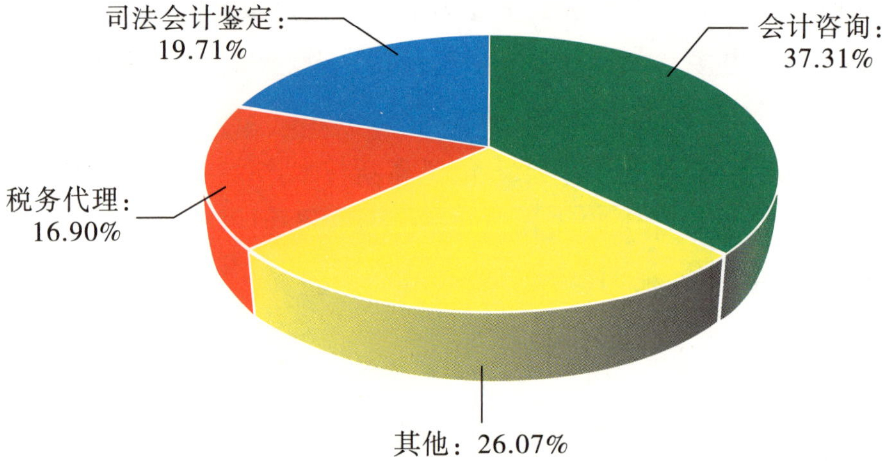

图 4-14 2017 年其他本地所非鉴证业务构成

三、人均创收分析

人均创收是衡量注册会计师行业效率的重要指标。为合理、全面反映行业发展，本部分按从业人员人均创收、注册会计师人均创收（简称“师均创收”）和合伙人人均创收三个方面进行分析。在分析逻辑上，以行业均值为出发点，首先分析行业整体发展水平，之后再按照四大所、本地大所和其他本地所的分类标准进行单独及比较分析，进而归纳出行业整体和三类会计师事务所的发展状况。最后，有针对性地提出一些提高人均创收、从而实现行业持续健康发展的措施。

（一）行业人均创收分析

2017 年，从业人员人均创收 29.97 万元，近五年复合增长率达 6.39%。注册会计师人均创收突破百万元，达到 106.04 万元，增长率高达 16.03%，远超 GDP 增速。合伙人人均创收从 2013 年的 320.66 万元增至 2017 年的 466.57 万元（见图 4-15）。行业人均创收的快速增长是在从业人员人数、注册会计师人数和合伙人人数均保持增长的前提下实现的，这也更能说明广州注册会计师行业的持续快速发展。

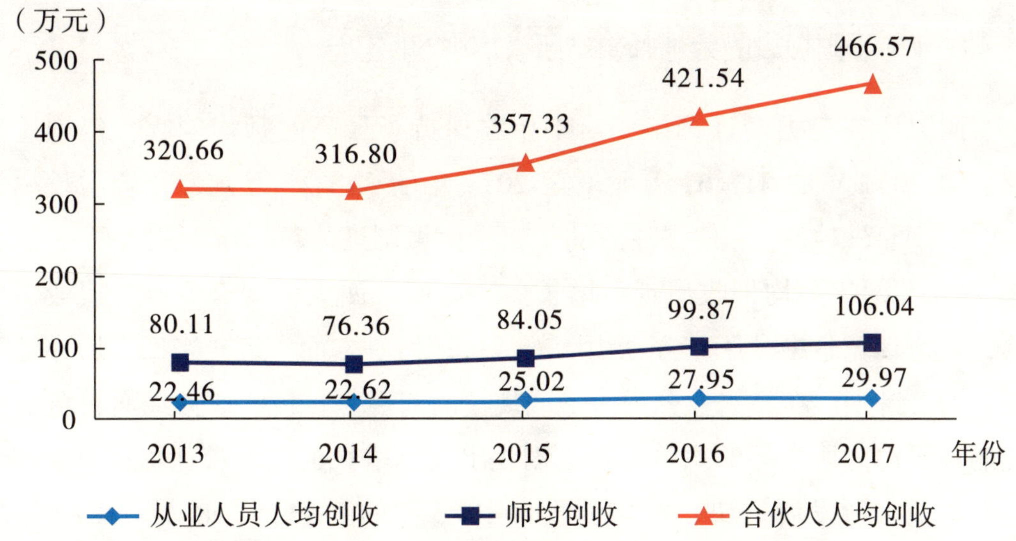

图 4-15　2013—2017 年注册会计师行业人均创收

合伙人人均创收与从业人员人均创收之比由 2013 年的 14.28 增至 2017 年的 15.57，与注册会计师人均创收之比由 2013 年的 4.00 增至 2017 年的 4.40。（见图 4-16）。一方面，说明会计师事务所的管理水平和效率得到进一步提高；另一方面，更加凸显出合伙人作为高端人才的重要作用，为会计师事务所乃至行业带来的直接收益和间接关注度都会越来越大。

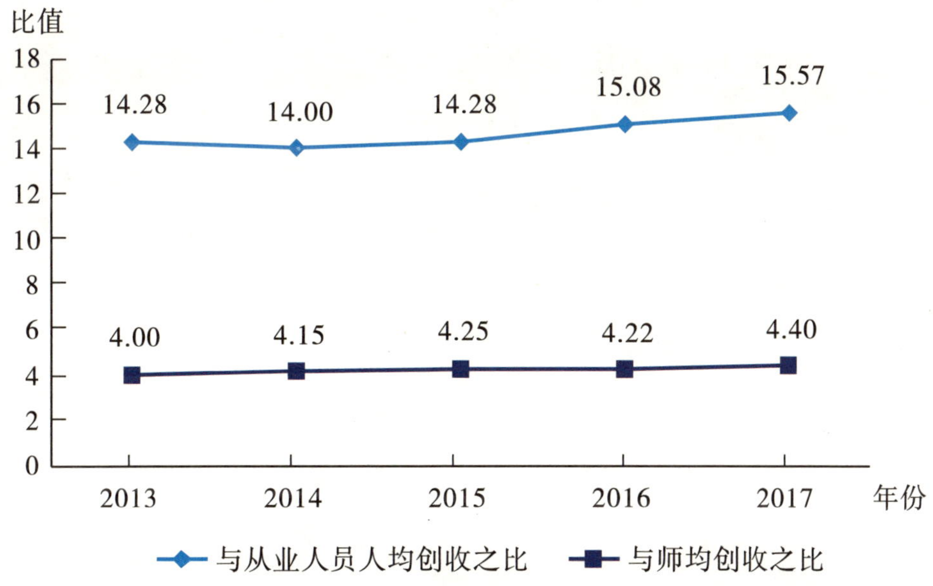

图 4-16　2013—2017 年合伙人人均创收与从业人员人均创收、师均创收之比

（二）不同规模的会计师事务所人均创收比较

四大所在三类会计师事务所中始终保持了最高的师均创收，但增速平缓，自 2013 年的 313.61 万元增至 2017 年的 345.25 万元，复合增长率为 2.43%（见图 4-17）。值得注意的是，受商事制度改革影响，四大所在 2014 年、2015 两年师均创收出现负增长。一方面，四大所现有业务发展较为成熟，在市场竞争中处于“守江山”的地位；另一方面，近年来四大所亦处于转型的关键期。在新兴业务尚未形成规模的前提下，传统业务又面临更加激烈的和国内大所之间的竞争，师均创收出现负增长也就不难理解。

本地大所发展最快，师均创收自 2013 年的 89.31 万元增至 2017 年的 213.45 万元，在五年时间内实现收入翻番，复合增长率高达 24.34%（见图 4-17）。2013 年后，本地大所师均创收增速明显加快。本地大所经过多年发展，业务水平有了显著提高，和四大所的差距逐渐缩小。

其他本地所的师均创收保持平稳增长，从 2013 年的 49.17 万元增至 2017 年的 64.46 万元，复合增长率为 7.00%，超过四大所的增长速度（见图 4-17）。一般认为，尽管其他本地所在规模上比不上四大所和本地大所，但其他本地所也具有自身的竞争优势，比如：在某些细分领域，其业务具有较高的灵活性，能够发挥定制化的优势满足企业，尤其是中小企业的多样化需求。因此，不同规模的会计师事务之间呈现错位竞争、融合发展的市场格局。

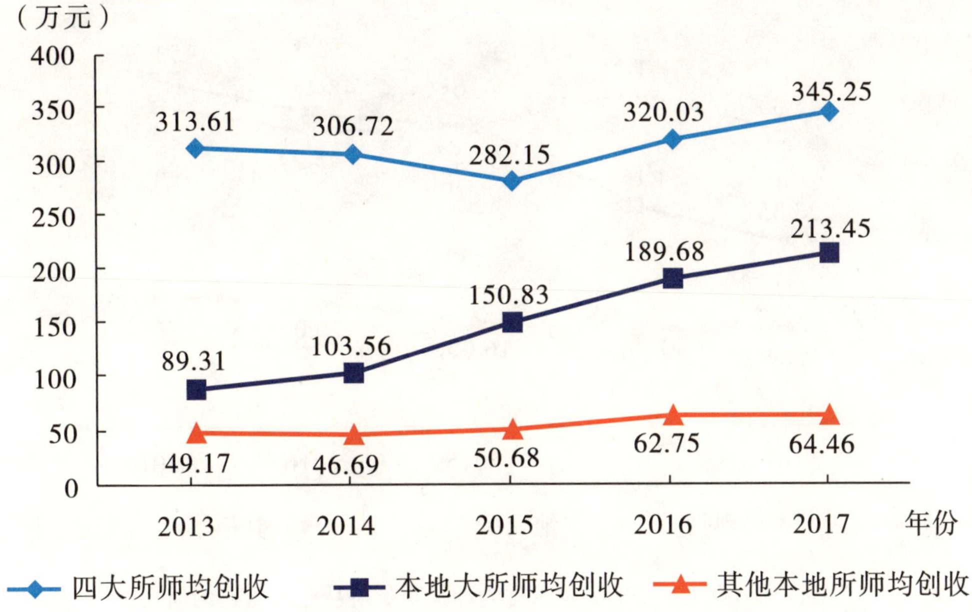

图 4-17 2013—2017 年三类会计师事务所师均创收

就会计师事务所从业人员人均创收而言，2013 年本地大所和四大所差距明显，但在 2015 年之后已实现反超（见图 4-18）。在从业人员人均创收保持基本一致的情况下，四大所仍能在师均创收上比本地大所多出近 50%（见图 4-17），和其高效的管理机制及较高的人员流动性有关。就管理机制而言，一方面，四大所实行扁平化管理，其注册会计师人数和本地大所相比非常少，而从业人数基本相同；另一方面，四大所拥有更为完善的管理机制和更高的管理水平。

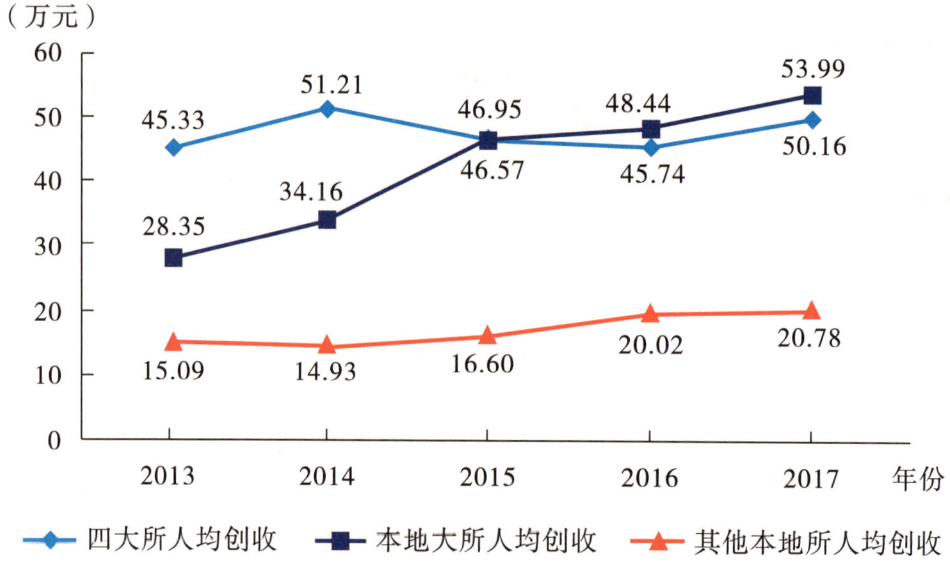

图 4-18 2013—2017 年三类会计师事务所从业人员人均创收

（三）提高人均创收的措施

一是充分利用国家政策带来的机遇和广州处于区域金融中心、粤港澳大湾区的区位优势，大力拓展资本投融资和政府购买服务的相关业务，重点拓展直接投资和融资（诸如发行公司债券和企业债券）、PPP 项目、财政支出和投资绩效评审、教育、医疗卫生、社会福利事业等领域的鉴证业务。深挖非鉴证市场潜力，拓展内部控制咨询、信息系统、电子商务、碳排放等新业务领域，重点开发对高新科技、信息产业、金融保险、文化创意等创新创意产业的支持业务。同时，规范和优化各类高新业务的流程，提高高新业务的质量和效率。

二是研发和应用现代化的审计工具，积极总结审计实践经验，结合客户的财务软件，充分利用内部人才积累，研发和运用信息化审计工具，提高审计效率，有效降低审计风险，缓解审计人员的工作强度。

三是合理配置人力资源，优化内部管理程序，完善内部激励和约束机制，充分调动合伙人、注册会计师和其他从业人员的积极性，从而提高劳动效率和管理效率。

四、收入增长原因

对会计师事务所进行实地调研后发现，广州注册会计师行业近年来收入增长的主要原因如下：

（一）政策层面因素

1. 政府职能转型，引发业务增长

各级政府正在加快转变职能，一方面简政放权，规范和精简行政审批事项，将审批事项下放或向社会组织转移；另一方面借助社会的力量，包括中介机构、舆论等加强社会监督和服务，从市场购买审计服务。政府对审计、公共服务等需求的不断增加，为广大会计师事务所提供了新的业务增长点。

2. 紧跟国家政策，帮企业“走出去”

广州作为全国最自由开放、最有发展潜力的城市之一，积极打造粤港澳大湾区、广州金融中心，并且紧跟国家政策，努力发展“一带一路”项目，不仅吸引国外企业“走进来”，也鼓励国内企业“走出去”，正逐步成为全球最活跃的创新热土之一。作为企业的护航者，会计师事务所的业务触角也从广州市延伸至粤港澳大湾区、“一带一路”沿线国家与地区，跟着企业“走出去”，实现了业务的增长。

3. 发展政策倾斜，企业需求增加

科技是第一生产力，创新是第一动力。在经济面临转型的大背景下，政府大力发展高新技术企业，促进企业提高自主创新能力，为此发布许多减免税、财政补贴等向重点领域、重点行业倾斜的经济发展政策，由此也催生了许多审计需求。以高新技术企业认定专项审计为例，其数量近年来大幅上升，是许多中小型会计师事务所着力发展的业务之一，也是其重要的收入来源。

（二）资市市场层面因素

十八大以来，我国提出要构建结构平衡、可持续发展的金融体系。具体来讲，一是要提高直接融资比重，保持直接融资和间接融资协调发展；二是要深化创业板、新三板改革，完善多层次股权融资市场，以合格机构投资者和场外市场为主发展债券市场，形成包括场外、场内市场的分层有序、品种齐全、功能互补、规则统一的多层次资本市场体系。广州地区有大批上市公司和新三板挂牌企业，为广州注册会计师行业发展带来新的机遇。随着资本市场的发展，上市公司数量不断增加，这会增加对会计师事务所的服务需求，对有证券资格的大型会计师事务所来说，这种服务是其业务收入的重要来源；同时，非上市公司也有发行债券等直接向资本市场融资的需求，创新投资企业需要吸引直接投资。资本市场蓬勃发展推动了注册会计师行业营收的增长。

（三）会计师事务所自身因素

1. 抓住机遇，积极转型

由于商事制度改革，许多中小型会计师事务所传统业务受到影响，收入出现了一定的下降，但会计师事务所没有坐以待毙，而是抓住了新的机遇，积极转型。一方面，大型会计师事务所以资本市场业务为发力点的同时，为中高端客户提供综合的专业化服务；另一方面，中小型会计师事务所更多的是以政府政策为导向，为广大中小企业提供便捷灵活的财税服务。与年报审计业务相比，新业务的利润率更为可观，转型成功的会计师事务所收入都有了一定的提升，收入结构得到优化。

2. 分设合并，整合资源

为适应行政监管改革的新变化，特别是国家商事制度改革和行政审批制度调整对中小型会计师事务所验资、年报审计业务的影响，一些大型会计师事务所通过设立分支机构或者吸收中小型会计师事务所等形式来壮大自身的规模，积极拓展新的业务领域，实现业务的外延式增长。这样的举措不仅扩大了业务覆盖范围，整合了会计师事务所的资源，提高会计师事务所的执业能力、竞争力和议价能力，还促进了会计师事务所业务收入的增长。

（四）行业管理层面因素

近年来，注册会计师协会加大执业监管力度，在提高执业质量的同时，督促会计师事务所鉴证业务合理定价，遏制低价恶性竞争行为，对会计师事务所尤其是中小型会计师事务所的收入恢复正常水平起到积极的作用。

第五篇

广州地区会计师事务所从业人员和注册会计师概况

一、注册会计师的人数情况

（一）会计师事务所从业人员总体规模

2013—2017 年，广州地区会计师事务所从业人数稳中有升，自 2013 年的 10 938 人增至 2017 年的 11 986 人，从业人员规模不断扩大，行业发展态势良好（见图 5–1）。

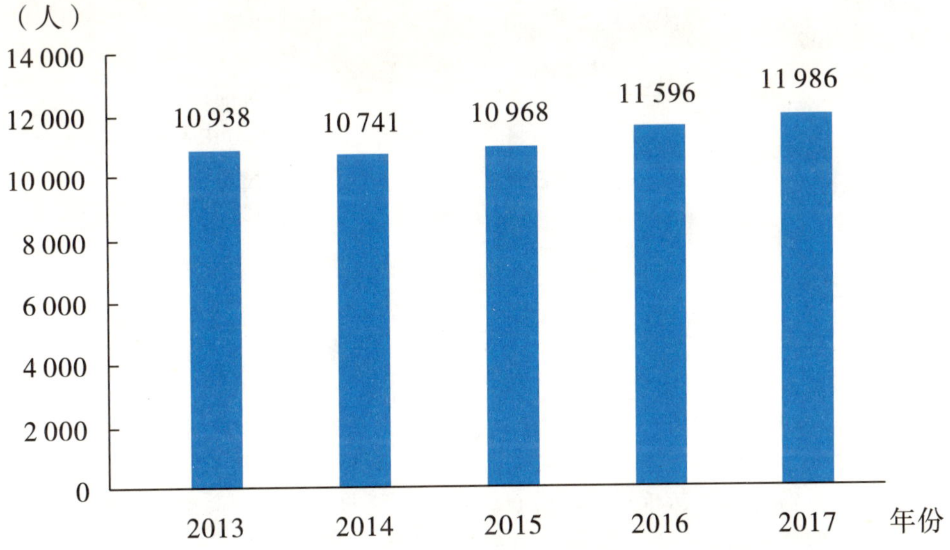

图 5–1　2013—2017 年广州地区会计师事务所从业人员总数

（二）注册会计师总体规模

截至 2017 年末，广州地区注册会计师（即执业会员）人数约为 0.34 万人。同期，广东省注册会计师和全国注册会计师人数分别为 0.86 万人和 10.56 万人，广州地区注册会计师人数占广东省和全国注册会计师人数的 39.53% 和 3.22%。

从地区分布来看，华东地区[①]的注册会计师数量最多，占全国注册会计师人数的 29.91%。图 5-2 显示，华南地区（不包含香港特别行政区、澳门特别行政区）的注册会计师分布较少，其中华东地区的执业注册会计师占比领先于华南地区近 2 倍，华北地区的注册会计师占比领先于华南地区超过 1 倍，这主要是因各地区经济发展不均衡。从华南地区内部结构来看，注册会计师分布较集中，广东省和广州地区的注册会计师人数占华南地区注册会计师人数的份额相对较大，占比分别为 77.27% 和 30.44%。

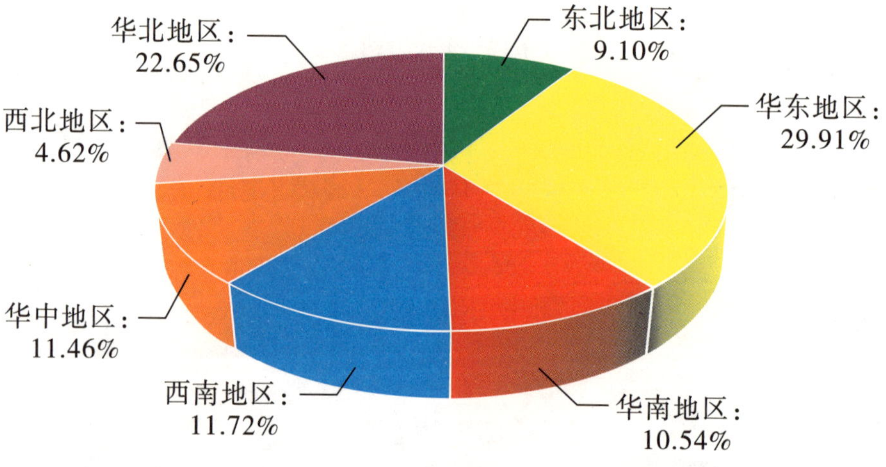

图 5-2　2017 年注册会计师七大地区分布情况

① 华东地区包括山东、江苏、安徽、浙江、福建、上海；华南地区包括广东、广西、海南；华中地区包括湖北、湖南、河南、江西；华北地区包括北京、天津、河北、山西、内蒙古；西北地区包括宁夏、新疆、青海、陕西、甘肃；西南地区包括四川、云南、贵州、西藏、重庆；东北地区包括辽宁、吉林、黑龙江。

（三）注册会计师数量变化

截至 2017 年末，11 986 名从业人员中具备注册会计师执业资格的共计 3 388 人，注册会计师人数占比为 28.27%。近五年，广州地区注册会计师人数保持稳中有升的态势（见图 5–3）。

2013 年起，广州地区会计师事务所平均拥有的注册会计师人数呈持续上升趋势。2017 年，广州地区会计师事务所平均拥有注册会计师约 15 名（见图 5–4）。

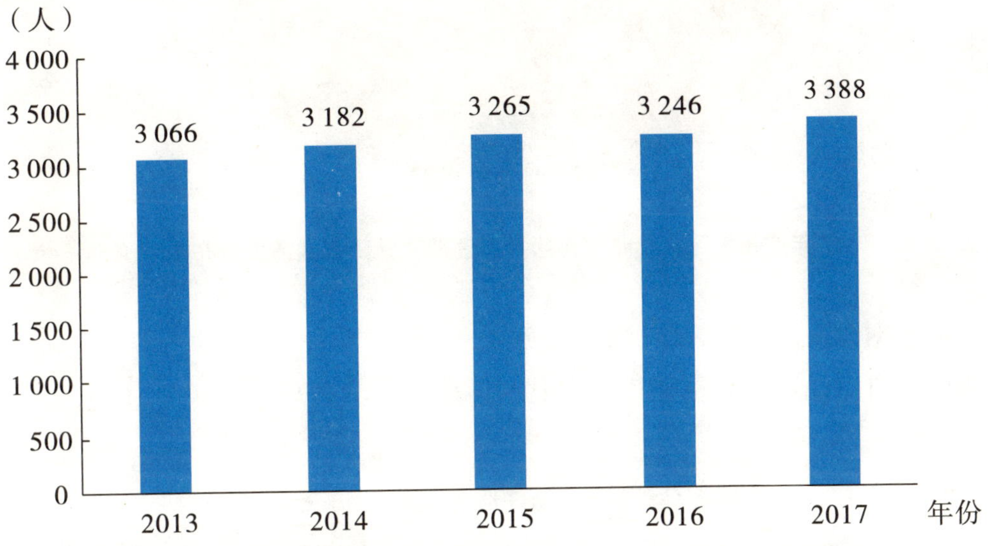

图 5–3　2013—2017 年广州地区会计师事务所注册会计师人数

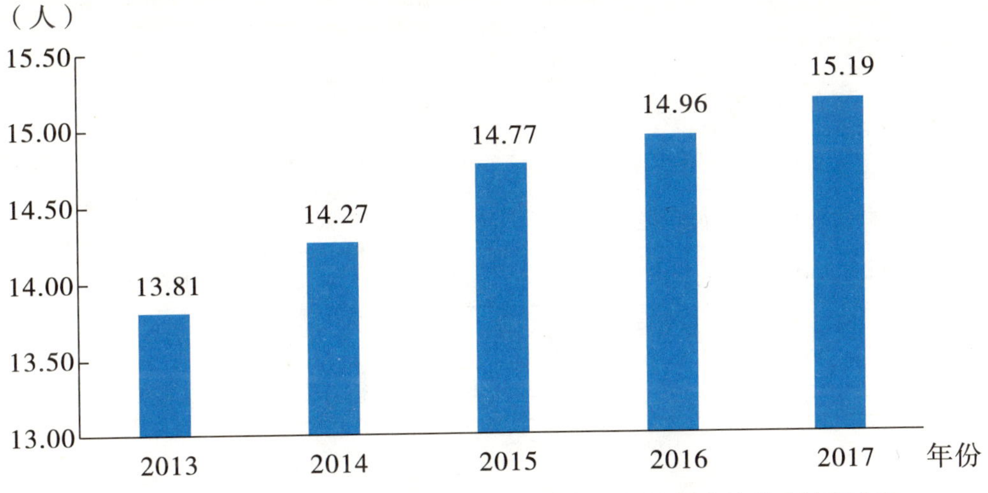

图 5–4　2013—2017 年广州地区会计师事务所平均拥有注册会计师人数

从注册会计师分布情况看，会计师事务所注册会计师的分布集中度较高，以 2017 年为例，拥有 10 名以下注册会计师的会计师事务所达到 115 家，占广州地区全部会计师事务所数量的 51.57%（见图 5-5）。

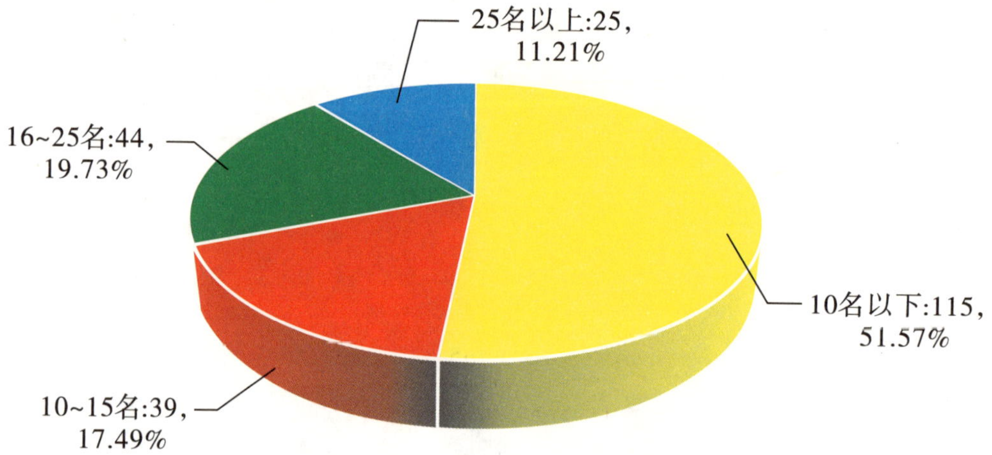

图 5-5 2017 年广州地区会计师事务所拥有注册会计师人数情况分布图（单位：家）

通过对比注册会计师人数和业务收入可以看出，会计师事务所的业务收入规模与自身的从业人员规模，尤其是注册会计师人数高度相关（见下表）。

2017 年会计师事务所注册会计师规模前七名情况

会计师事务所名称	注册会计师人数（人）	注册会计师人数排名	业务收入（百万元）	业务收入排名
广东正中珠江会计师事务所	199	1	465.15	1
立信会计师事务所广东分所	112	2	179.47	5
普华永道中天会计师事务所广州分所	91	3	316.54	3
广东中天粤会计师事务所有限公司	89	4	60.77	10
安永华明会计师事务所广州分所	77	5	160.25	6
德勤华永会计师事务所广州分所	71	6	347.69	2
毕马威华振会计师事务所广州分所	69	7	238.90	4

（四）注册会计师协会资深会员

自 2008 年《中国注册会计师协会资深会员评定办法》施行以来，广州注协积极参与中注协资深会员评定工作。2008 年，广州地区中成为首批资深会员的执业会员（具有注册会计师执业资格的，下同）共 15 人，非执业会员（不具有注册会计师执业资格的，下同）共 3 人；2015 年，广州地区中成为第二批资深会员的执业会员共 19 人，非执业会员共 3 人；2017 年，广州地区中成为第三批资深会员的执业会员共 33 人，非执业会员共 9 人。

根据《中国注册会计师协会第三批资深会员（执业）人选名单》，全国第三批资深会员的执业会员总人数为 1 093 人，北京市人数最多，共计 153 人，占总人数的 14.00%；上海市次之，共 107 人，占总人数的 9.79%；广州市 33 人，占总人数的 3.02%。全国第三批资深会员的非执业会员总人数为 217 人，北京市 26 人，占总人数的 11.98%；上海市 28 人，占总人数的 12.90%；广州市 9 人，占总人数的 4.15%。

二、注册会计师的构成情况

（一）年龄结构

2013—2017 年，广州地区的注册会计师年龄在 41~50 岁的占比最高，但呈明显下降趋势，30 岁及以下的注册会计师虽然占比较低，但增长迅速，注册会计师队伍整体年龄结构走向年轻化。

具体来看，30 岁及以下和 31~40 岁的注册会计师人数占比逐年增加；41~50 岁、51 岁及以上的注册会计师人数占比逐年下降。其中，30 岁及以下占比的绝对增幅最大，为 8.02%，年均增长率为 82.22%；31~40 岁占比的绝对增幅为 1.94%，年均增长 0.019%。可见，30 岁及以下的注册会计师增长速度大大超过 31~40 岁的注册会计师增长速度，注册会计师行业持续吸引大量年轻人加入。同期，41~50 岁的注册会计师人数占比逐年下降，年均增长率为 –3.97%；51 岁及以上的注册会计师人数占比在 2012—2016 年逐年下降，2017 年略有回升（见图 5–6）。

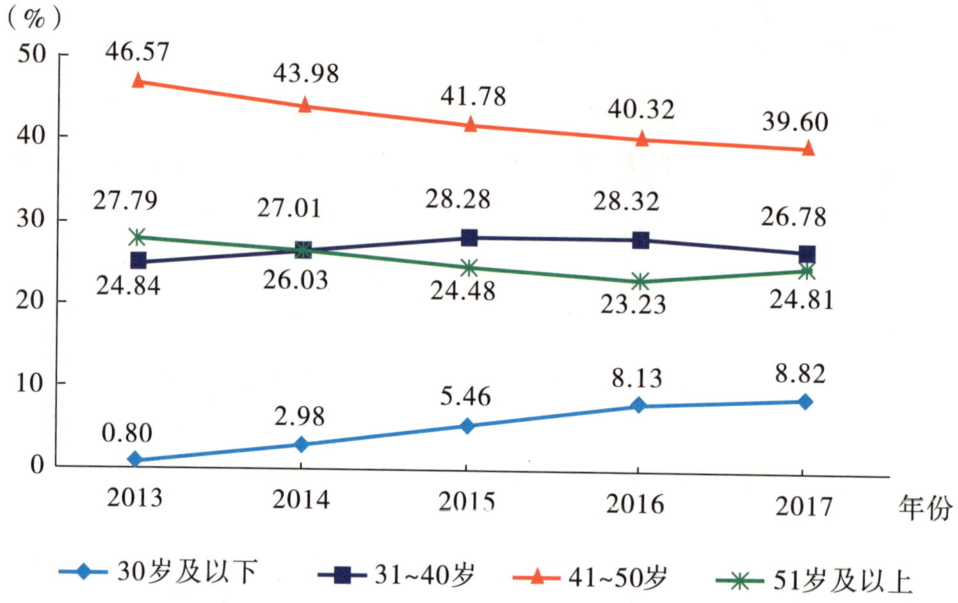

图 5-6　2013—2017 年广州地区注册会计师年龄占比分布（不含未报备年龄的）

随着经济转型升级、结构调整和社会治理的变化，新业务给会计师事务所人才带来更大的执业压力和挑战。与此同时，越来越多的新鲜力量也在不断地加入广州地区注册会计师队伍中。这些新鲜血液与经验丰富的注册会计师相结合，将使广州地区注册会计师行业不断发展壮大，从而更好地服务于区域经济建设。

（二）学历结构

2013—2017 年，研究生学历的注册会计师人数增长速度最快，其次是本科学历的注册会计师，年均复合增长率分别为 10.19% 和 9.84%，专科学历的注册会计师人数年均复合增长率为 3.37%（见图 5-7）。

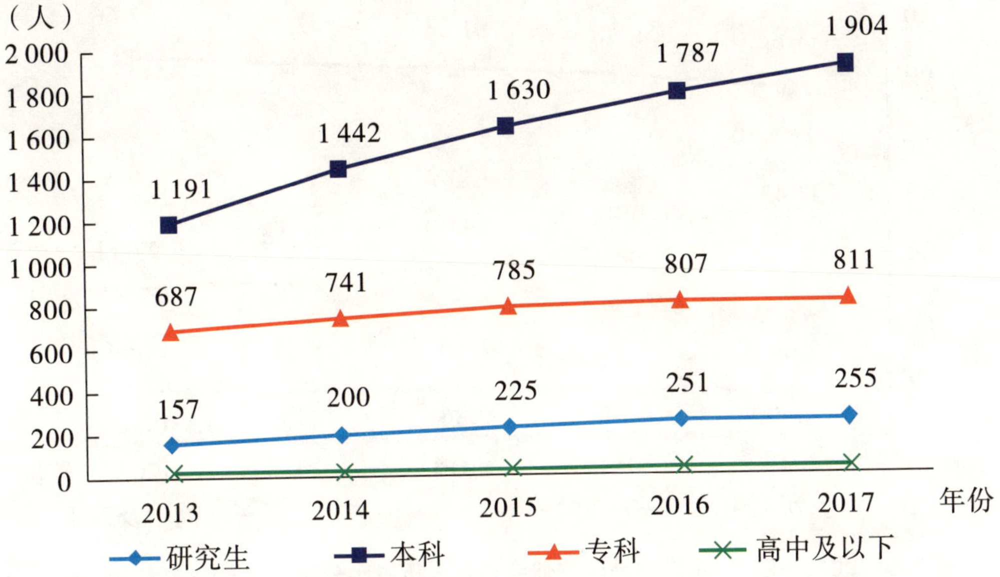

图 5-7　2013—2017 年广州地区注册会计师学历人数分布（不含未报备学历的）

从学历结构来看，本科学历的注册会计师占比最高，并且保持稳步增长态势；研究生学历占比基本保持稳定；专科及以下学历的注册会计师比重不断下降。图 5-8 显示广州地区注册会计师的学历结构在持续改善，注册会计师队伍的学历水平在稳步提高，但高学历的注册会计师占比仍偏低，2017 年研究生学历的注册会计师占比仅为 8.53%，学历结构仍然存在较大的提升空间。

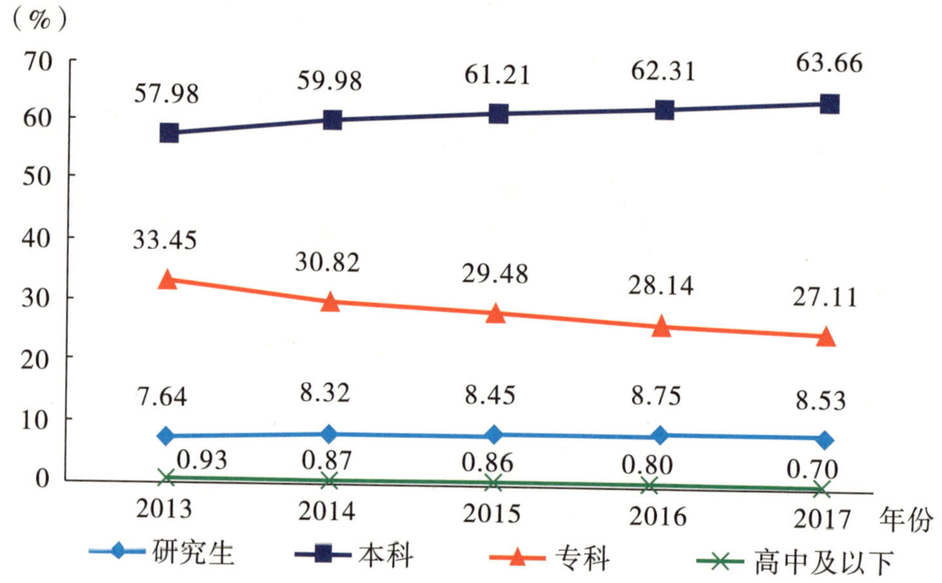

图 5-8 2013—2017 年广州地区注册会计师学历占比分布（不含未报备学历的）

（三）执龄结构

从不同执龄（执业年限，下同）注册会计师人数的变化趋势来看，2012—2016 年，执龄 1~3 年的注册会计师人数增长最快，从 17 人增加到 516 人，年均复合增长率达到 135%。执龄 7~10 年、10 年以上的注册会计师人数增长缓慢，2012—2016 年的年均复合增长率分别为 4.03% 和 2.38%（见图 5-9）。

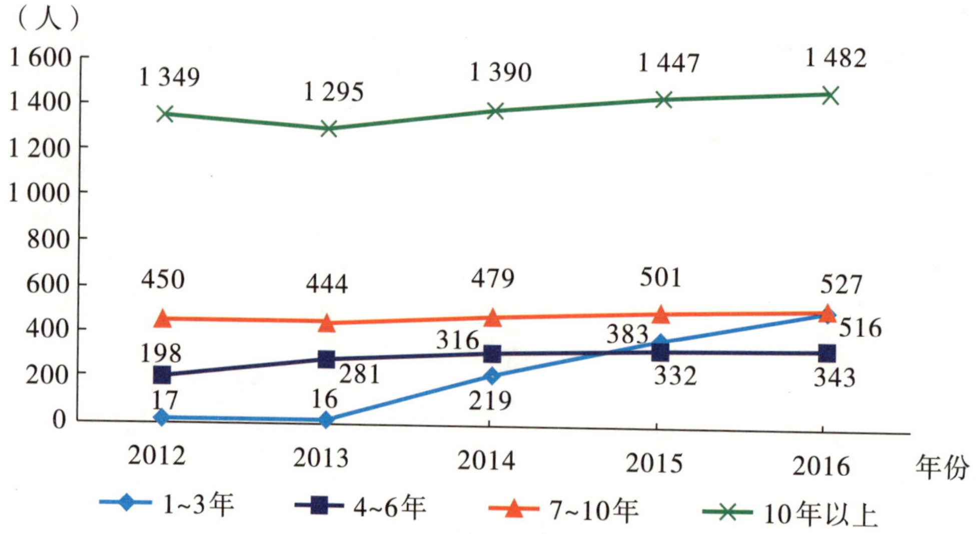

图 5-9 2012—2016 年广州地区注册会计师执龄人数分布（不含未报备执龄的）

从不同执龄注册会计师人数的结构看，执龄7年以上的注册会计师占比从2012年的89.31%下降到2016年的69.68%，与此相反，1~3年执龄的注册会计师占比则从2012年的0.85%上升到2016年的18.37%，因此，尽管较长执龄的注册会计师占比逐年下降，但从绝对量上讲，所占比重仍然较高。这些现象一方面显示广州地区注册会计师行业随着地区经济的发展不断壮大，经验丰富的注册会计师是行业的中坚力量；另一方面表明，注册会计师行业的发展前景越来越受到年轻人的认可，吸引着越来越多的年轻力量加入，行业的执龄结构、年龄结构持续改善，更加朝气蓬勃。

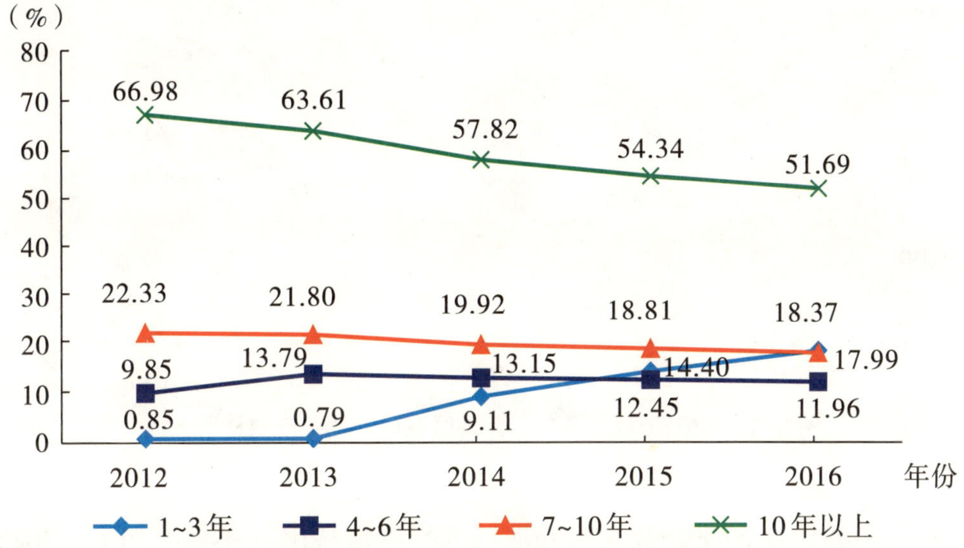

图5-10 2012—2016年广州地区注册会计师执龄占比分布（不含未报备执龄的）

（四）性别结构

截至2018年5月，广州地区男性执业会员有1 725人，占广州地区执业会员总数的49.7%；女性执业会员有1 744人，占广州地区执业会员总数的50.3%。由此可以看出，广州地区执业会员的男、女性别比例较为平衡，执业会员在性别方面可以发挥各自的优势，互补互助，共同进步，促使行业良性发展。

三、注册会计师的流动情况

近五年来，广州地区注册会计师市内转所人数年均保持在 130 人以上，但每年转所的具体人数存在波动。2013 年转所人数最多，为 351 人；2014 年骤降至 173 人，降幅 50.71%。近三年，注册会计师的流动情况稳定，市内转所人数保持基本稳定。除 2013 年市内转所人数占比较高外，其余四年的市内转所人数占比保持在 5.50% 左右（见图 5-11）。

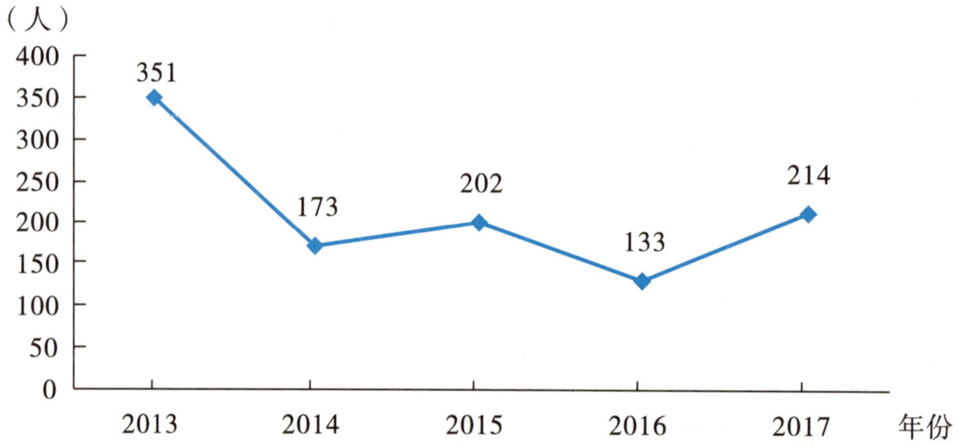

图 5-11　2013—2017 年广州地区注册会计师市内转所人数

除市内转所外，注册会计师外地转入和本地转出具体情况如下：2013—2016 年，广州地区注册会计师外地转入人数下降，减少 72 人；本地转出人数增加，增加 24 人。2016—2017 年，外地转入人数从 22 人迅速增加到 124 人，增幅达到 463.6%；同期本地转出人数从 47 人增加到 75 人，增幅为 59.57%。近五年，年均注册会计师外地转入人数约为 69 人，本地转出人数为 54 人。可见，综合近五年总体情况来看，注册会计师外地转入人数高于本地转出人数（见图 5-12）。

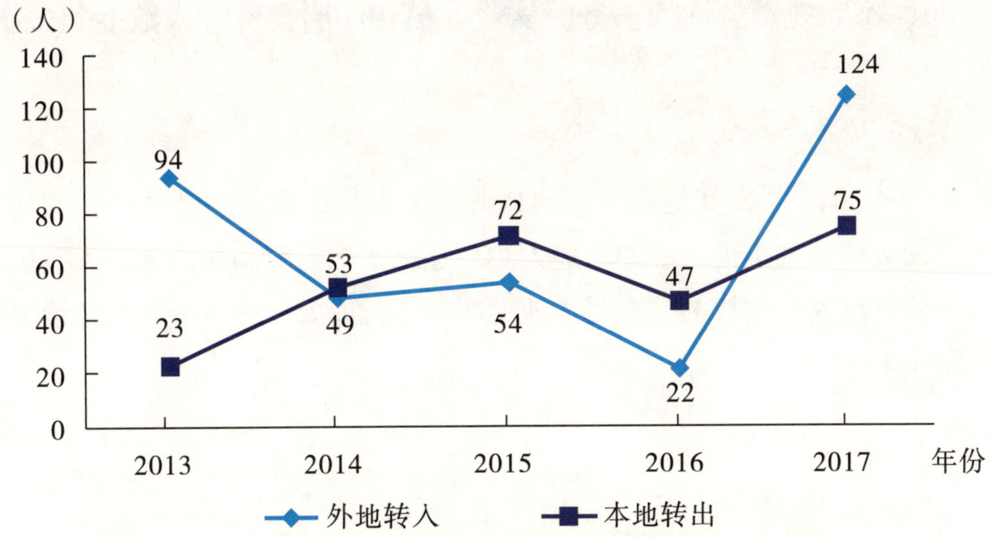

图 5-12　2013—2017 年广州地区注册会计师外地转入和本地转出人数

注册会计师行业存在人才流动频繁的现象，主要原因：一是注册会计师行业属于知识密集型行业，知识更新速度快，工作强度大，对注册会计师要求高，前景美好，既有吸引力，又有压力，以至于不断有新人涌入的同时，不断有人才流向金融企业、上市公司等；二是社会对注册会计师行业的地位和作用的认识亟待提高，会计师事务所仍存在收费低、收费难的现象，注册会计师的收入与付出以及承担的责任和风险不一定匹配；三是不同区域的经济发展程度、不同单位对注册会计师的需求以及发展空间不尽相同，“人往高处走”是人之常情。有鉴于此，会计师事务所积极探索吸引和留住人才的途径，诸如建立合伙人文化，提高员工的文化素养和道德水准，形成会计师事务所发展不可或缺的精神力量和道德规范；建立人才培养机制，确定发展战略，为员工量身定制职业生涯规划，提供发展平台；建立和完善合理的收入分配激励机制，调动员工的积极性；为员工提供必要的社会保险和职业保障，增强员工安全感、存在感、归属感和凝聚力。

四、不同规模会计师事务所从业人员和注册会计师人数变化情况

（一）从业人员人数变化情况

2013—2017 年，其他本地所的从业人员人数最多，但是其增长的速度比不上四大所以及本地大所的从业人员增速；本地大所的从业人员人数虽然最少，但其增速是最快的，表明本地大所对于行业人才的吸引力在持续增强（见图 5-13）。

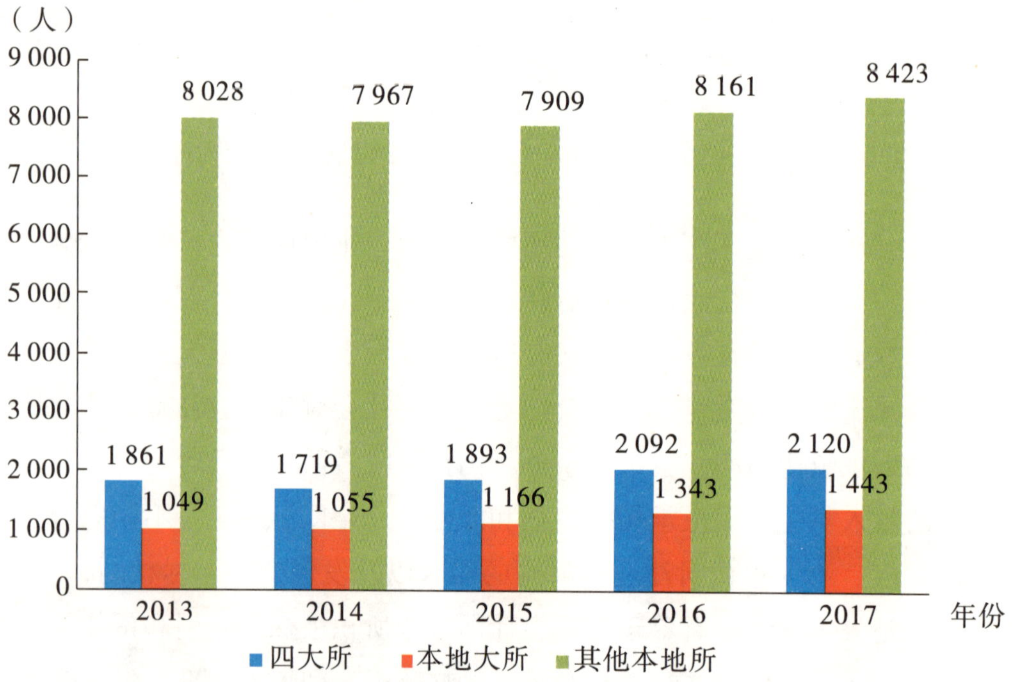

图 5-13　2013—2017 年广州地区三类会计师事务所从业人员人数

（二）注册会计师人数变化情况

2013—2017 年，从人数来看，各会计师事务所注册会计师人数总体呈现上升的趋势（见图 5-14），反映出行业的持续稳定发展；从增速来看，各类会计师事务所注册会计师人数增速基本相当，因此，各类事务所注册会计师人数的行业占比基本保持不变。

从不同规模的会计师事务所拥有的注册会计师人数看，2017 年，广州地

区会计师事务所拥有注册会计师总人数为 3 388 人，其中，四大所拥有 308 人，占比 9.09%，所均注册会计师人数约为 77 人；本地大所拥有 365 人，占比 10.77%，所均注册会计师人数约为 122 人；其他本地所拥有 2 715 人，占比 80.14%，所均注册会计师人数约为 13 人。注册会计师的分布在不同规模的会计师事务所中存在明显差异。

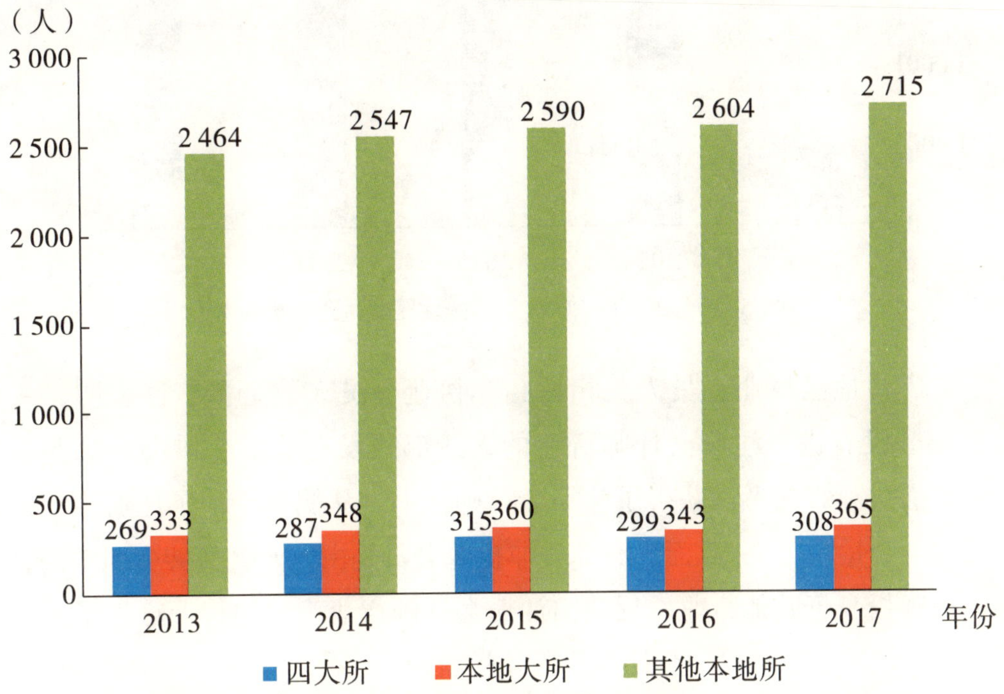

图 5-14　2013—2017 年广州地区三类会计师事务所注册会计师人数

五、非执业会员的数量及结构情况

（一）非执业会员的总体数量

截至 2017 年末，广州地区非执业会员共有 5 180 人，2017 年，非执业会员比上一年度净增加 216 人。从近五年的数据来看，非执业会员数量逐年增加，其中，2013—2014 年的增速最快（见图 5-15）。

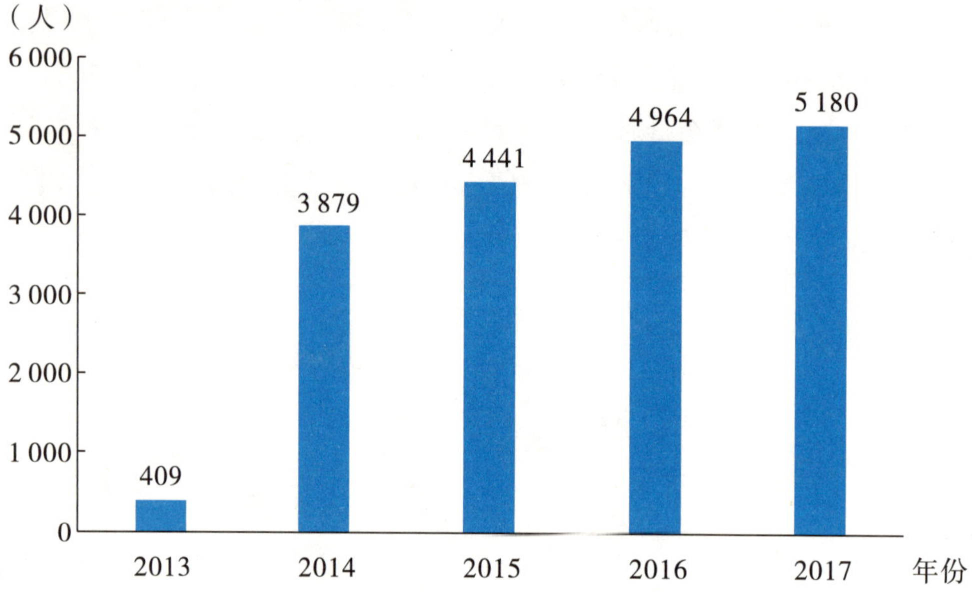

图 5–15　2013—2017 年广州地区非执业会员人数

与广州地区执业会员人数相比，非执业会员人数更多，这表明，一方面，部分没有进入注册会计师行业的人或部分没有从事注册会计师业务的人，也通过艰难的考试获得了注册会计师证书，从侧面印证了注册会计师证书的“含金量”；另一方面，有部分非执业会员是由执业会员转变而来的，注册会计师投身于其他行业，反映出注册会计师行业为其他行业输送了大量专业人才，填补了社会对于会计专业人才的需求。

（二）非执业会员的性别结构

截至 2018 年 5 月，广州地区男性非执业会员 2 142 人（不含未报备性别的），占广州地区非执业会员总数的 41.9%；女性非执业会员 2 966 人（不含未报备性别的），占广州地区非执业会员总数的 58.1%。

（三）非执业会员的年龄结构

根据 2017 年的统计数据，在广州地区非执业会员中，年龄在 31~40 岁之间的会员人数最多，占非执业会员人数的 44%；其次为 41~50 岁的会员，占非执业会员人数的 38%；30 岁及以下和 51 岁及以上的非执业会员人数所占比例基本相同，大约为非执业会员人数的9%。由此可见，大部分非执业会员都处在职业生涯的“黄金年龄”，他们虽然取得了注册会计师资格，但未直接进入注册会计师行业，或者未直接从事注册会计师业务，侧面说明社会对注册会计师资质的认可（见图5-16）。

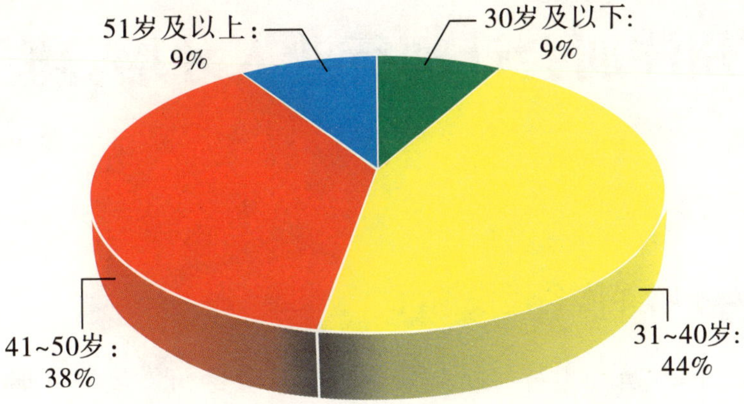

图5-16　2017年广州地区非执业会员年龄结构分布（不含未报备年龄的）

第六篇

广州注册会计师行业人才培养概况

一、人才培养体系建设情况

当前，中国经济与世界经济加快融合，社会经济发展对注册会计师行业审计鉴证和专业咨询的有效需求日益扩大，而人才始终是一个行业发展的根基和关键。拥有一大批恪守诚信、精通业务、敢于创新、勇于开拓的注册会计师人才，是决定行业持续健康发展的根本性力量。为适应当前不断深化的国内经济体制改革和日益复杂的国际经济环境，广州注协以中国注册会计师协会“引领、高端、覆盖、补齐、指导”的培训原则为指导，采取有效措施继续加大行业人才培养和从业队伍建设力度，努力使国际化、年轻化、复合化注册会计师成为行业发展的主导力量和中流砥柱。

（一）坚持科学思路，夯实培育基础

广州注协坚持行业人才建设的科学发展观，着力进行体制创新和机制创新，推进行业的和谐发展，全面提高行业的国际竞争力。依据注册会计师胜任能力框架体系的要求，充分调动和发挥各类培训主体及培训机构的积极性，全面改进和完善行业人才教育培训的内容、方式与手段，进一步提高人才培养水平，不断提升注册会计师从业队伍的专业素质、执业能力和职业道德水平，着力培养能够承担国际业务、符合行业国际化发展要求的高层次专业人才和会计师事务所管理人才。与此同时，建立起科学完善的行业后备人才培养机制和适应行业未来发展需要的后备人才队伍。

（二）整合多方力量，完善培养体系

广州注协将国家政策与行业发展相结合，着力建设全方位的人才培养体系，为我国经济社会发展提供会计人才支撑：加强与港澳地区以及国外会计师职业组织的合作，拓宽行业人才的国际视野，提升执业水平；通过进一步完善继续教育机制，创新各种培训方式，多方位、全覆盖地研究时下热点问题，学习新准则，提高行业人才的专业能力和综合素质；同时引入了合作培训形式，多次与境内外高校以及企业合作，吸纳人才并提供分享交流的平台，拓宽综合业务能力；与中山大学、暨南大学在内的多所高校共建实习基地，通过搭建协同育人平台，共同致力于行业的人才培养。此外，将非执业会员也逐步纳入行业人才建设体系，首次举办的非执业会员热点分享会得到了非执业会员的热烈欢迎和高度评价。

（三）强化国际合作，培养国际视野

为深化与国际和粤港澳地区的合作，引领协调国际化与区域发展，广州注协承办了“2017 年首届粤港澳高校会计商业知识竞赛”。赛事吸引了三地高校学生积极参与，使粤港澳大学生通过备赛，深入学习与了解粤港澳大湾区建设的热点知识，开拓专业思路，形成三地携手共建粤港澳大湾区的良好共识。

广州注协加强与境外会计师职业组织、国际会计师职业团体和培训机构的合作，每年选拔一批优秀的注册会计师和会计师事务所高级管理人员到境外考察、研修，提升专业能力、管理能力和国际交流能力；组织业界精英走出国门，到美国、英国、加拿大等国家进行境外交流学习，真正走进国外知名高校的课堂，参访海外企业，面对面与专家学者、企业家交流学习，提高行业高端人才的职业素养。

（四）调整培训内容，创新培训形式

为提升执业会员把握行业形势、服务国家建设的大局意识和能力，广州注协将政策解读与会计师事务所发展和业务拓展相结合，覆盖注册会计师审

计咨询服务的多个领域，包括财政投资绩效管理、PPP、医疗卫生改革、院校教育、银行保险、证券市场新三板、并购重组、国企审计、中小企业发展、司法会计鉴证、民生项目咨询、社会管理咨询等；进一步改善培训形式，包括面授培训、精英小班课程、网络课程、境外培训班、远程同步直播课程、会员沙龙等，现场考察与座谈相结合，使培训内容丰富多彩、形式生动活泼。

（五）探索合作模式，吸纳优秀人才

广州注册会计师行业积极探索合作培养模式，继续深化行业与高校等各界的沟通和合作，提升行业的影响力，吸引优秀人才。近年来，广州注协与暨南大学、广州大学等高校联合举办会计师事务所高校专场招聘会，邀请学术界参与行业发展计划课题研究项目，向暨南大学推荐本科生、研究生实践导师 15 人；举办首届穗港两地会计合作、融合的高峰论坛，借助“广州注册会计师（CPA）讲座教授”基金聘请的国际学者以及香港大学、暨南大学在两地的影响力，深化行业与高校学界的沟通和合作，为行业人才提供了学术交流的机会，开阔了业界从业人员的视野。

二、人才培养情况

注册会计师行业的发展离不开人才的培养。目前，广州注册会计师行业人才培养具备多层次、全覆盖、国际化的特点，以年为培训周期，达到了以不断提升从业人员的专业胜任能力来适应行业发展需求的效果。

（一）一般从业人员培养

对一般从业人员（非注册会计师）的培养目的在于提高其专业水准及从业能力，并鼓励其通过 CPA 考试，为在行业中长足发展打好基础。目前以会计师事务所自办培训为主。2013—2017 年，广州地区会计师事务所自办培训的热情高涨，自办培训的会计师事务所数量由 2012 年的 9 家增至 2015 年的 14 家。广州注协对此提供了技术和资金的支持。会计师事务所自办培训不仅提高了行业从业人员的专业素质和服务质量，而且更契合会计师事务所的实际需求，为培养行业所需人才提供了良好的支持。2017 年，广州注协为一般

从业人员提供了基础性的课程学习，对助理人员的培养做了良好的补充。

（二）注册会计师培养

广州注协已形成完整、分层次、形式多样的注册会计师培训体系，使注册会计师更深入了解行业发展，掌握专业胜任注册会计师所需的理论知识和提高专业胜任的能力。

培训内容以用为本，贴近时下热点，以未来为导向。培训围绕社会经济发展对行业专业服务的需求，涵盖不断更新的专业知识，例如营业税改增值税、新会计准则、高新技术企业认定专项审计等。2017 年，针对热点问题和新兴业务，广州注协联合广东省科学技术厅开展了高新技术企业认定审计专题及行业论坛，同时举办了个人所得税税制改革及新三板专题讲座。培训在拓宽注册会计师知识领域，改善知识结构以及提高注册会计师职业能力和诚信水平方面起到了良好的作用。

培训满足多层次的服务需求。2017 年培训覆盖所有执业会员，具体可细分为一般注册会计师、项目经理、合伙人三个层次，设置具有差异化的培训课程及内容，满足不同层次的注册会计师的需求。为不同课程配备了不同的师资，包括行业资深会员、各业务领域专家、高校教授以及境外会计培训机构的专家等。

培训场次多，覆盖范围广。2013—2017 年，广州注册会计师行业共举办了 47 期注册会计师培训班，涵盖了执业会员和非执业会员，提高了行业人才的专业能力和综合素质。其中，2017 年共举办各种面授课程、专题讲座、行业讲坛和远程培训班 12 期，将近 3 000 人参加了培训和考核。

（三）领军人才培养

在行业高端领军人才的培养上，广州注协配合行业发展趋势以及会计准则国内外趋同和管理会计发展的趋势，采取综合性、国际化的人才培养方式，培养了一批熟悉国际会计准则和市场规则的国际化人才，打造了一批专家型、领导型、复合型的领军人才。

开展境外高端培训，开阔国际视野。为贯彻落实国家人才强国战略，切实加强会计领军人才培养工作，广州注册会计师行业根据行业人才培养、专业建设的实际需求和长远规划，多次组织业务精英赴加拿大、澳大利亚及英国等国家进行集训和研修。其中，广州注协 2015 年组织广州地区 15 名业务精英赴英国开展为期 20 天的高端培训。举办高端培训和组织业界精英走出国门，有助于培养和造就一批精通业务、善于管理、熟悉国际惯例、具有国际视野和战略思维的高素质、复合型会计领军人才。

开展企业参访，加强与企业交流。2017 年广州注协与 ACCA（特许公认会计师协会）共同举办了行业精英拓展培训班，先后参访了深圳证券交易所、中兴通讯和腾讯微信总部，并与业内专家和企业代表进行深入交流。通过与主流行业的知名企业机构和高管代表、业内专家进行深入交流切磋，提升广州注册会计师的行业知识与专业服务水平。

与高校合作，深化学界与业界的合作。2015 年广州注册会计师行业以在暨南大学设立“广州注册会计师（CPA）讲座教授”基金的方式开创了开放型、常设型的学术交流平台，吸纳海内外知名的经济类学者、专家前来暨南大学、广州注协和共同出资机构（团体）一同开展学术交流活动，此后三年，开展了数期主题学术交流活动。2017 年，广州注册会计师行业的部分业务骨干前往上海国家会计学院进行培训。通过各种形式的高端培训，着力培养和造就一批精通业务、善于管理、熟悉国际惯例、具有国际视野和战略思维的高素质、复合型会计领军人才。

第七篇

广州地区会计师事务所客户概况

一、客户总体情况

（一）客户的资产、收入

从客户的资产总额看来，2013—2017 年，广州注册会计师行业承接业务所牵涉客户的总资产累计为 73.45 万亿元。2013 年客户的总资产为 8.07 万亿元，2017 年客户资产总额达到了 18.80 万亿元，客户的资产总额年平均增速为 23.54%。

从客户的营业总收入看来，2013—2017 年，广州注册会计师行业承接客户的营业收入总额累计为 17.73 万亿元。2013 年客户营业总收入为 2.45 万亿元，2017 年客户营业总收入为 4.83 万亿元，客户的营业总收入年平均增速为 18.49%（见图 7-1）。

根据广州市《国民经济和社会发展统计公报》，2013—2017 年期间，广州地区 GDP 年平均增速为 9%，注册会计师行业承接客户的总资产年均增速和营业收入年均增速都远远高于广州地区 GDP 增速。从发展趋势来看，不论是客户拥有的资产总额还是客户创造的营业总收入都持续上升，这表明广州地区会计师事务所为客户所提供的服务保持良好的增长态势。

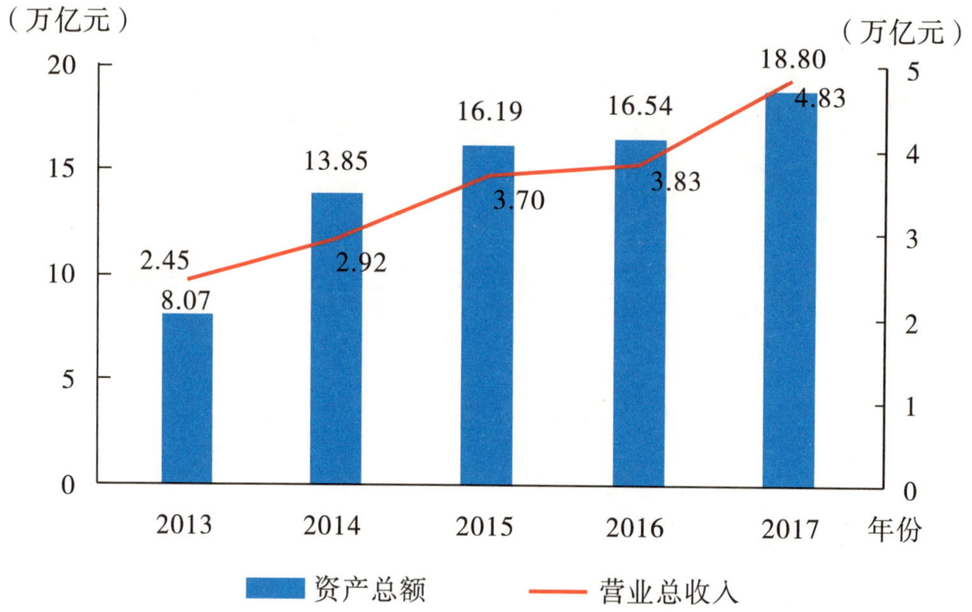

图 7–1　2013—2017 年客户资产总额和客户营业总收入情况

（二）客户的集中度

2013—2017 年，广州注册会计师行业累计承接客户数量约为 23.61 万户。从时间趋势看，2014 年，国务院出台《关于加强审计工作的意见》后，大批中小企业不再年审，使得当年的客户数量大幅减少；2014 年后，客户数量又开始持续增长。

从客户集中度（承接客户数排名前 *n* 的 *n* 家会计师事务所拥有客户总数 / 当年客户总数）来看，前 5 名会计师事务所的客户集中度在 2013 年，为 24.85%，在 2017 年为 21.20%，在这期间波动较大，波幅与客户总数呈正相关，主要是由于其年审业务占比较大，受年审客户数变化的影响也较大。

第 6~10 名会计师事务所的客户集中度在 2013 年为 11.31%，2017 年为 14.28%，在这期间小幅波动且呈稳步上升趋势，受年审客户减少的影响不大，说明其承接的业务类型较为多元化，承接的客户数量持续增加，发展势头良好（见图 7–2）。

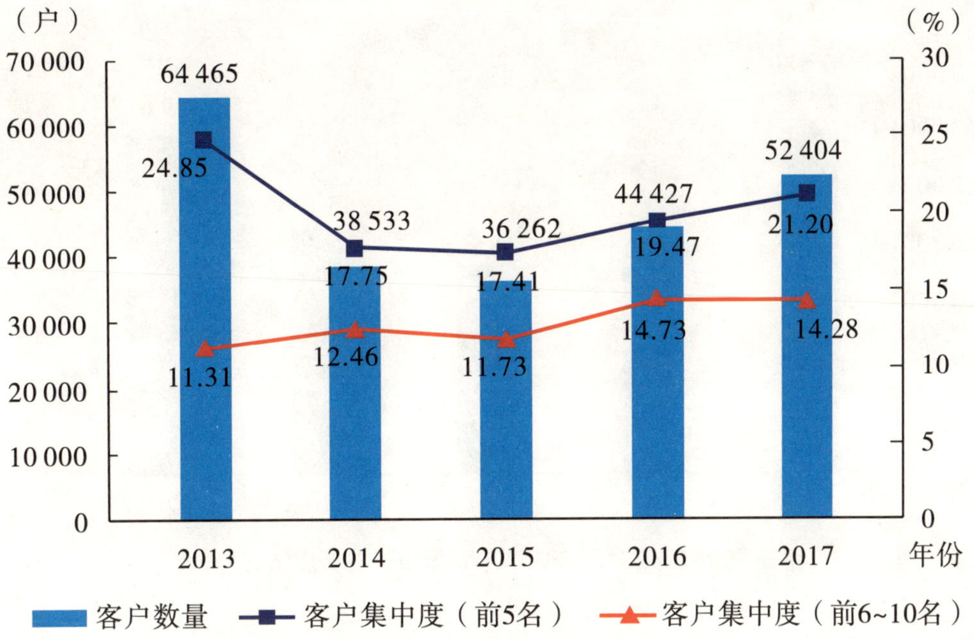

图 7-2 2013—2017 年客户数量及客户集中度情况

二、年报审计客户情况

（一）业务增长

1. 年报审计业务量增长情况

2013—2017 年间，广州注册会计师行业年报审计业务数量在 2014 年出现大幅下降，2015—2017 年业务量逐年回升。2013 年广州注册会计师行业年报审计业务量高达 67 880 件，2014 年年报审计业务数量大幅下降，这是由于 2014 年 10 月 9 日国务院颁发《关于加强审计工作的意见》，规定“凡是涉及管理、分配、使用公共资金、国有资产、国有资源的部门、单位和个人，都要自觉接受审计、配合审计，不得设置障碍”。因此 2014 年大量上述范围外的中小企业未接受年报审计，年报审计业务数量大幅下滑；之后随着经济发展，2015—2017 年业务数量恢复增长势头，截至 2017 年底，年报审计业务量为 59 618 件（见图 7-3）。

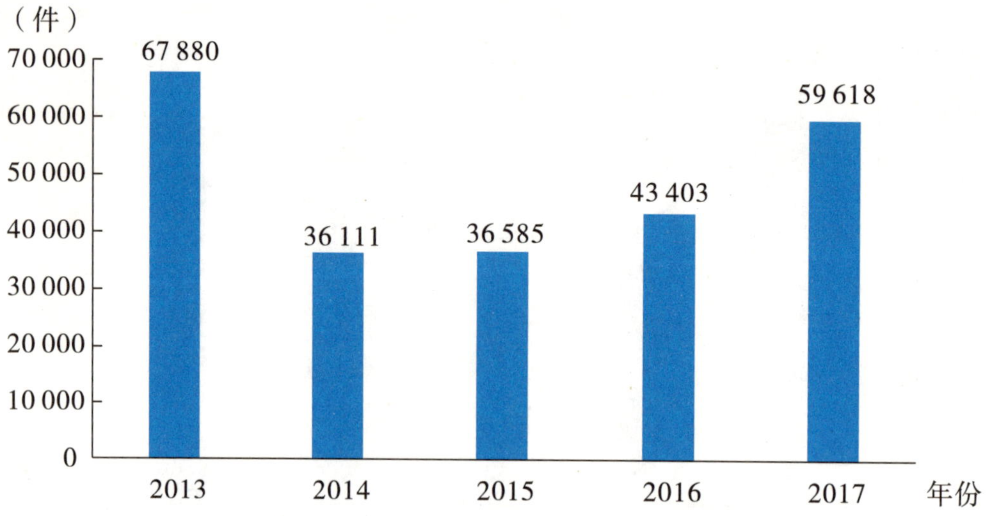

图 7-3　2013—2017 年年报审计业务量情况

2. 上市公司年报审计业务量增长情况

上市公司年报审计业务量整体呈增长态势，且 2014 年以来增长速度持续加快。上市公司作为公众公司，其年报质量直接关系到财务报表使用者的切身利益，《公司法》规定上市公司必须接受社会审计。根据图 7-4 可知，广州注册会计师行业接受上市公司年报审计业务量在 2014 年有所回落后，2015 年起一直呈增长态势且增长速度持续加快。上市公司年报审计业务量由 2013 年的 258 件上升至 2017 年的 539 件。

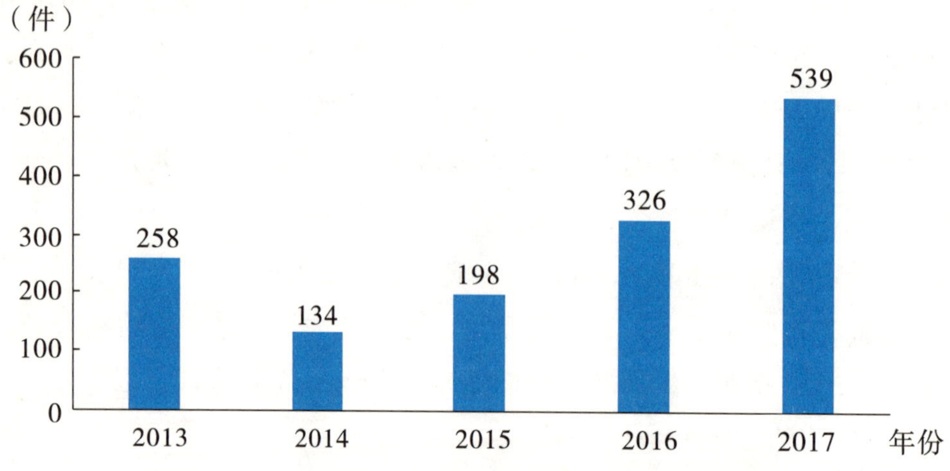

图 7-4　2013—2017 年上市公司年报审计业务量情况

3. 国有企业年报审计业务量增长情况

2013—2017年广州地区国有企业年报审计业务量波动变化状态整体呈现平稳增长趋势。随着国有企业的不断深化改革，审计工作也逐渐成为监督管理国有资产的手段之一。就国有企业年报审计情况而言，据统计，截至2017年底，广州地区223家会计师事务所中有138家涉及国有企业年报审计业务。由图7-5可知，与上市公司年报审计业务量在2013—2017年间先快速下降再缓慢上升的趋势不同，在2013—2017年期间，广州地区会计师事务所审计的国有企业年报审计业务数量基本保持平稳并缓慢上升的趋势，由2013年的3 712件上升至2017年的4 499件。这一趋势说明社会审计工作在国有资产监督管理中发挥着重要作用。

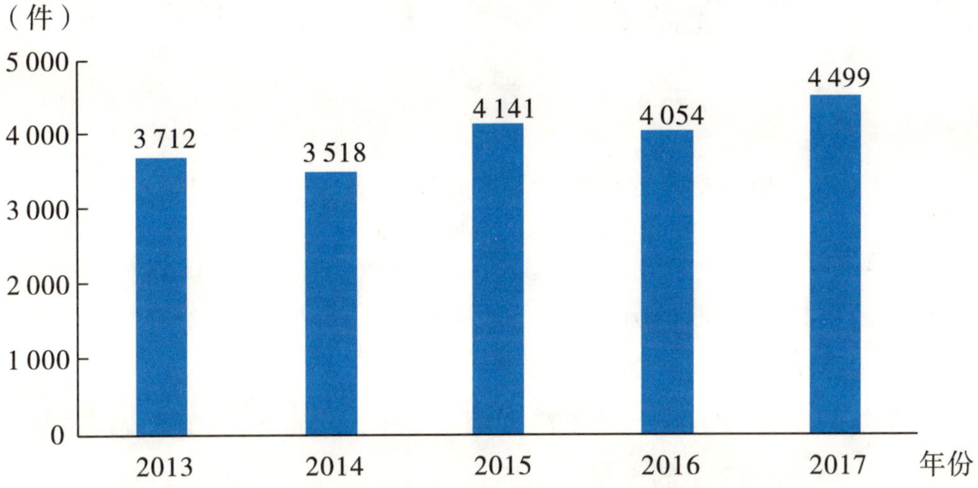

图7-5 2013—2017年国有企业年报审计业务量情况

（二）地区分布

1. 结构分析

年报审计业务主要集中于广东省内，其中广州地区内业务量最多。2013—2017年，广州地区的会计师事务所年均承接广东省内的年报审计业务46 527件，占年均年报审计业务数的95.50%。从广东省内审计业务的分布情况来看，广州地区的会计师事务所年均承接广州市的年报审计业务37 524件，占年均年报审计业务数的78.47%。从广州市内的情况来看，天河区、越秀区和番禺区是年报审计业务最为集中的三个区域，其中天河区年均年报审计业务数量为 9 524 件，占全市的 25.38%（见图 7–6）。广州地区的会计师事务所为本省的企事业单位提供重要的鉴证服务，在保障经济安全方面发挥了重要作用。

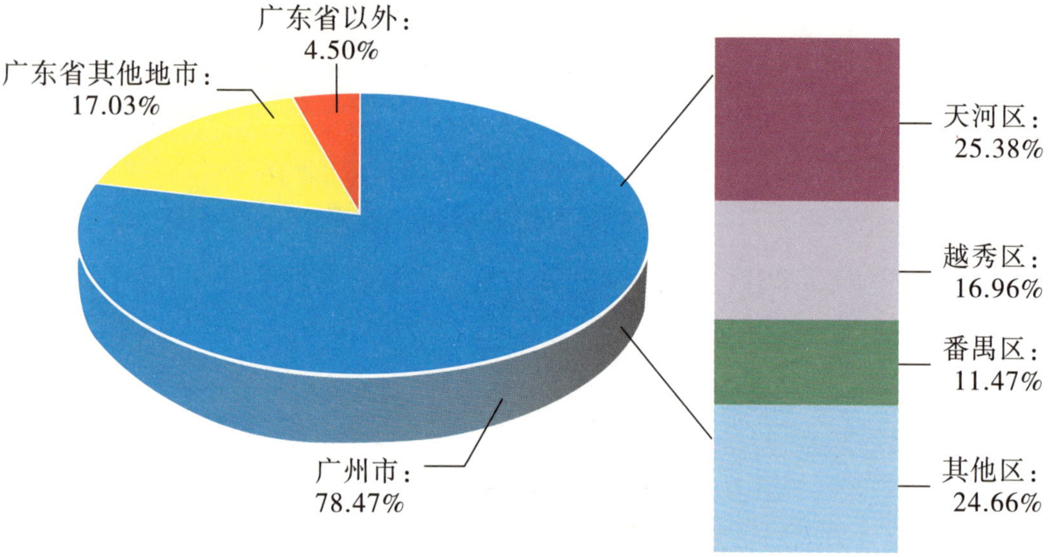

图 7–6　2013—2017 年年报审计业务地区分布情况

2. 趋势分析

从年报审计业务地区分布发展趋势看，广州市外年报审计业务占比上升，业务地区分布范围扩展。如图 7–7 所示，2013 年广州市内的年报审计业务占总年报审计业务比例为 87.40%，广州市外的年报审计业务占比仅为 12.60%；2013—2017 年的 5 年间，广州地区会计师事务所将自身业务从广州地区延伸至北京市、上海市和澳门特别行政区等多个地区，截至 2017 年底，广州市外年报审计业务占比增至 27.69%。广州市外年报审计业务占比上升、年报审计业务地区分布范围扩展，体现了广州注册会计师行业立足本市，服务全省、全国的行业发展理念。

从境外业务来看，随着国家"一带一路"政策的推行，广州地区会计师事务所承接国外业务从 2013 年的 1 项增长至 2017 年的 6 项，2017 年承接的 6 项海外客户年报审计业务，集中于亚非地区，其中柬埔寨 3 项、老挝 1 项、阿联酋 2 项。这也说明国家号召企业"走出去"为广州注册会计师行业发展带来了新的机遇。

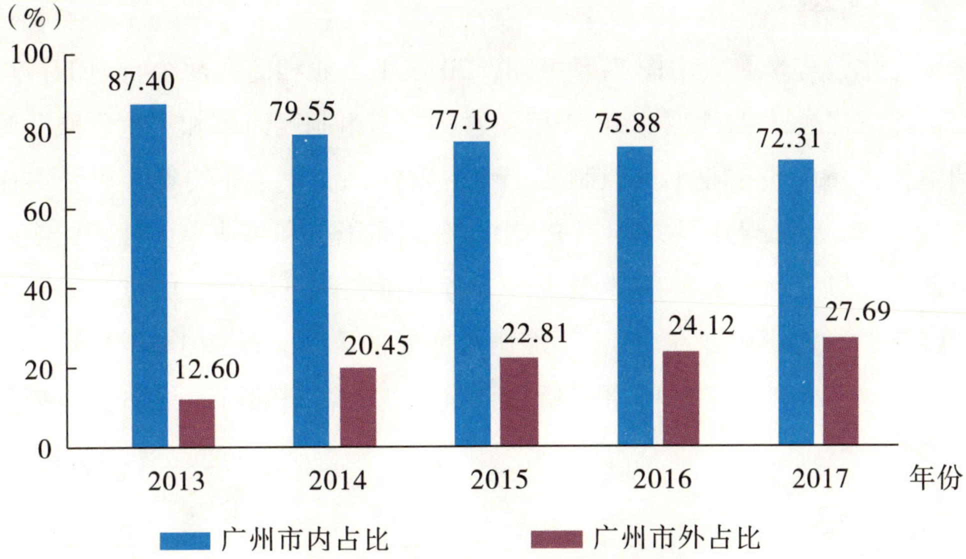

图 7-7　2013—2017 年年报审计业务地区分布变动情况

（三）行业分布

1. 结构分析

广州注册会计师行业在年报审计中，承接客户所属行业分布广泛。如表 7-1 所示，剔除未列明行业的报备业务，截至 2017 年底，广州注册会计师行业年报审计业务客户分布涵盖商业、工业、房地产业、建筑业、交通运输业和金融业等 22 个行业。2013—2017 年，年报审计业务量行业排名未发生明显变动，其中年均承接商业客户业务 11 816 件，居于所有行业首位；其次是工业，年均承接工业客户业务 6 908 件。年报审计业务集中于商业和工业两个行业，与广州地区产业结构行业分布情况相一致。

表 7-1　2013—2017 年平均年报审计业务量集中的前三大行业

排名	行业	业务数量（件）	平均占比（%）
1	商业	11 816	23.39
2	工业	6 908	14.45
3	事业单位社团组织	2 369	5.15

注：统计不含未报备行业的数据。

2. 趋势分析

从变化趋势来看，由图 7-8 可知，2013 年工业和商业两个行业的被审计单位合计占比高达 42.47%，2014 年随着国家商事制度改革和“放管服”政策的调整，大量中小企业不再强制要求年报审计，商业企业的年报审计占比由 2013 年的 30.95% 骤降至 2014 年的 20.67%，而工业和事业单位社团组织的年报审计占比则有所上升。将年报审计业务量排名前三的行业加总来看，年报审计客户的行业集中度在 2014 年经历了明显的下降，从 2014 年开始，伴随经济发展，广州地区会计师事务所年报审计业务客户的行业集中度呈缓慢上升趋势。

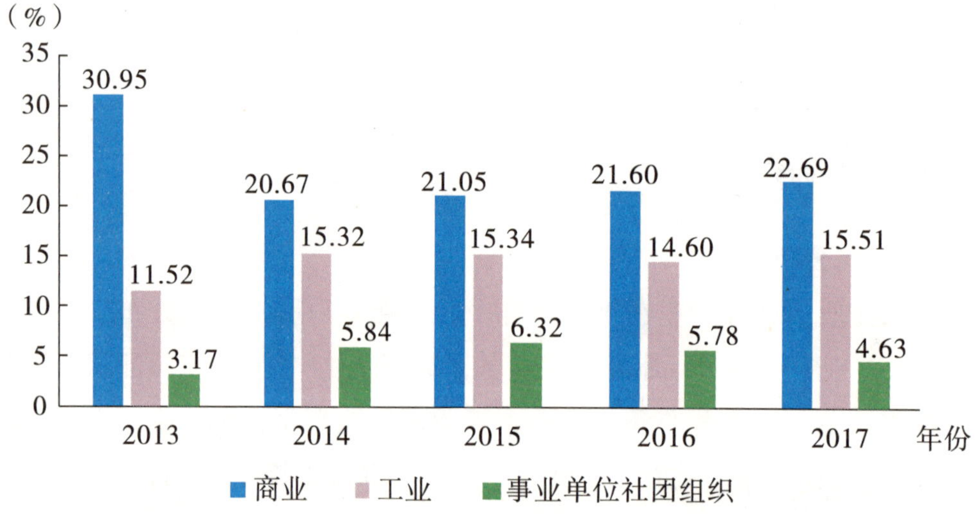

图 7-8 2013—2017 年年报审计被审计单位行业分布情况

（四）业务收费

从年报审计收费总额角度看，如图 7-9 所示，2013—2014 年，受中小企业年报审计业务需求量大幅度减少的影响，年报审计收费总额稳中有降，但从 2015 年开始，随着业务量增长，年报审计收费总额呈明显的上升趋势。截至 2017 年底，年报审计业务收费总额为 19.99 亿元，较 2013 年年报审计业务收费总额增长近一倍。

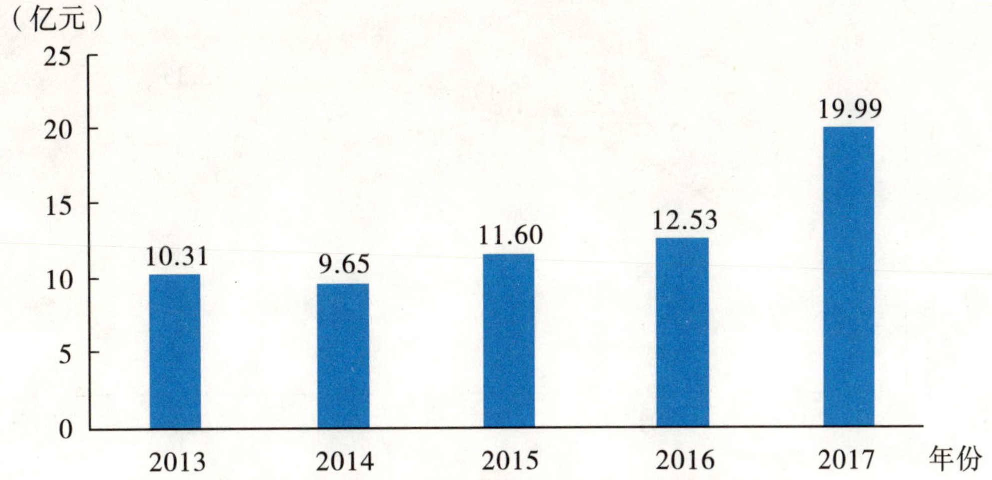

图 7-9　2013—2017 年年报审计业务收费总体情况

从单项年报审计业务收费角度看，如图 7-10 所示，2013 年由于大量中小企业参与年报审计业务，平均单项年报审计业务收费为 1.52 万元 / 件，单项年报审计业务收费处于较低水平。2014 年随着中小企业不再强制进行年报审计，单项年报审计业务平均收费出现跨越式增长，增长至 2.67 万元 / 件，增长率高达 75.66%。2014 年后单项年报审计收费稳中有升，2017 年单项年报审计平均收费为 3.35 万元 / 件[①]。

① 相关计算依据报备系统的数据。根据调研的反馈，不同规模会计师事务所年报审计收费差异明显，不少中小型会计师事务所平均收费离 3.35 万元 / 件还存在较大差距，由于中小型会计师事务所在数量上占大部分，因此，实践中单项业务收费不高的情况仍然比较普遍。

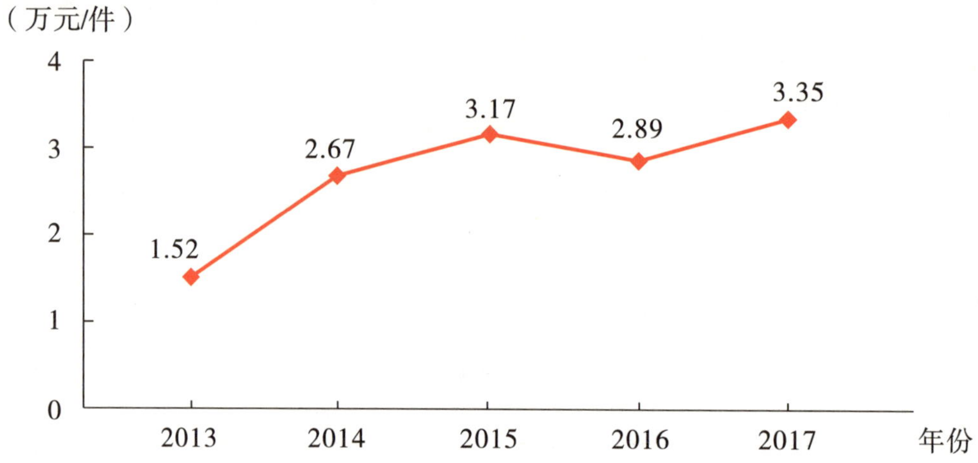

图 7-10 2013—2017 年单项年报审计业务收费均值情况

三、专项审计客户情况

（一）业务类型

1. 结构分析

从业务数据来看，广州地区会计师事务所承接的专项审计项目涉及很多种类，年度之间也在持续发生变化。比如传统的清算审计、验资、外汇审计、清产核资业务逐渐减少，而高新技术企业认定专项审计、环境审计、党建审计等逐渐增多。

2013 年，验资、外汇审计、清产核资和清算审计是业务量排在前四的专项审计项目，以图 7-11 和图 7-12 对比可知，2013 年传统专项审计验资及外汇审计业务占比 83.05%，到了 2017 年验资及外汇审计业务占比降至 25.18%，而其他非传统类型专项审计业务占比则上升到 55.04%。从专项审计业务发展趋势来看，从 2013 年验资业务艳压群芳，逐渐向各类专项审计百花齐放的状况过渡，广州地区会计师事务所顺应社会发展需要，业务多元化能力逐年增强。

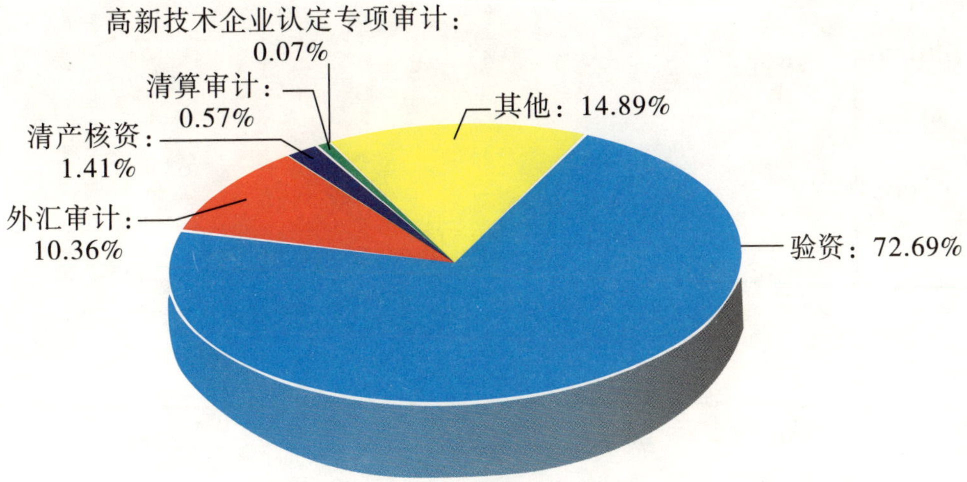

图 7-11　2013 年专项审计各项业务量占比

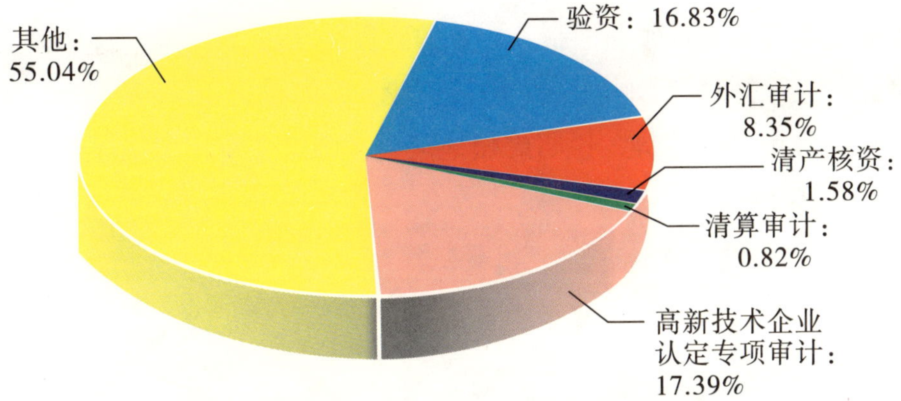

图 7-12　2017 年专项审计各项业务量占比

2. 趋势分析

广州地区会计师事务所的专项审计业务量在 2013 年处于高位，由于受到商事制度改革的影响，在 2014 年和 2015 年出现负增长，2015—2017 年恢复稳步上升的态势（见图 7-13）。这说明广州地区会计师事务所积极应对改革，适应市场发展，不断创新和完善业务体系，更好地满足客户的专业需求。

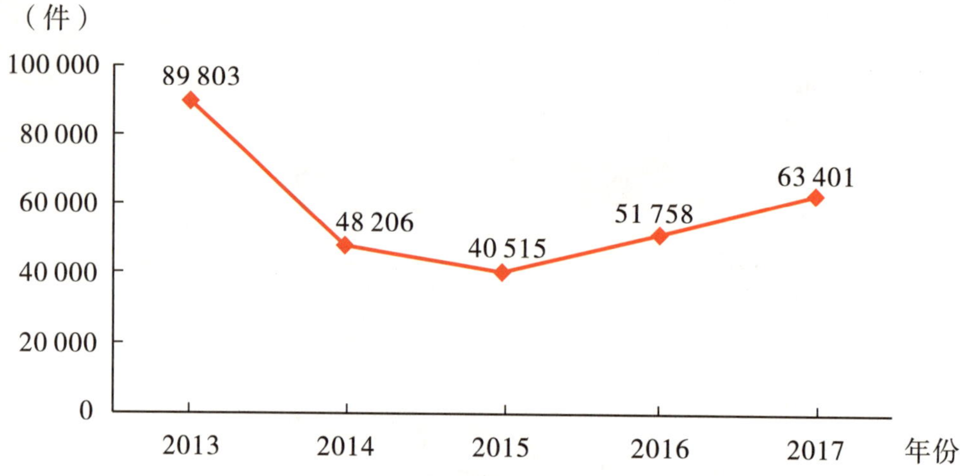

图 7-13 2013—2017 年广州地区专项审计业务量（包含验资业务）

2014 年初，由于《公司法》及相关条例的修改，注册资本登记管理制度从实缴登记制转变为认缴登记制，企业的验资需求在 2014 年急速下降，后逐年下降。若剔除受政策影响比较大的验资业务，如图 7-14 所示，专项审计业务量呈现持续上升的趋势，说明广州地区会计师事务所积极拓展业务，提升服务的广度和深度。

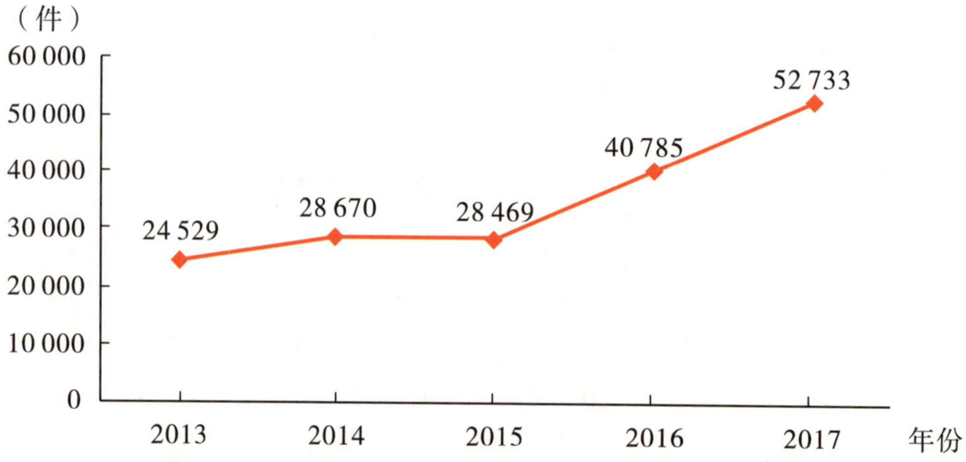

图 7-14 2013—2017 年广州地区专项审计业务量（不包含验资业务）

（二）地区分布

从广州地区会计师事务所专项审计业务的地区分布来看，总体上，更多的专项审计业务是在省内承接的，且以广州地区居多，2016 年广东省内专项审计业务量占比 83.38%。从图 7-15 中非广州地区专项审计业务量占比来看，近年来专项审计业务不断扩大到省外和市外，比较有代表性的省市有安徽省、上海市、深圳市、重庆市、江苏省、海南省、河北省、湖南省等，还延伸到德国、越南等国外的业务。2013—2017 年，非广州地区专项审计业务量占比逐年提高，从 2013 年的 7.86% 到 2017 年的 23.27%。跨地区承接业务，不仅能够推动广州地区会计师事务所业务的发展，也有利于促进广州地区与国内其他地区注册会计师行业间的学习和交流。

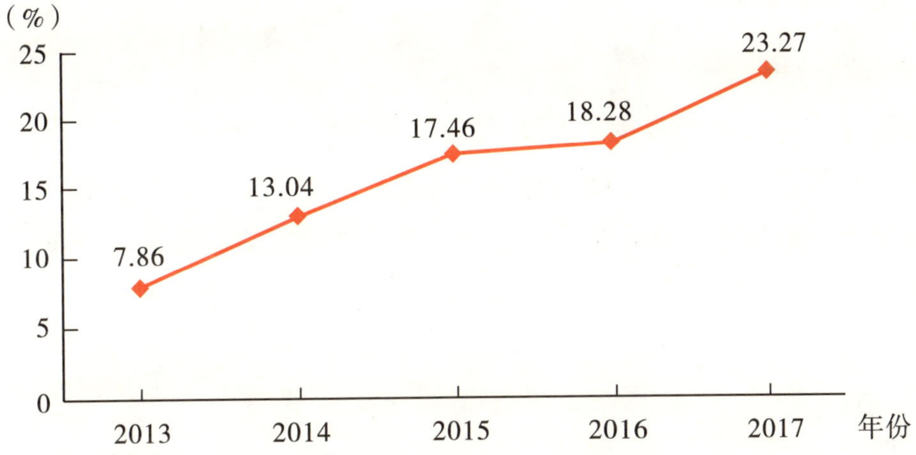

图 7-15　2013—2017 年非广州地区专项审计业务量占比

从图 7-16 可以看到 2017 年各个广州市辖区专项审计业务量的排名，排名第一的天河区专项审计业务量达到 12 471 件，领先第二名的番禺区一倍有余。但番禺区的业务量排名从 2016 年的第四到 2017 年的第二，可见番禺区会计行业的发展迅速。

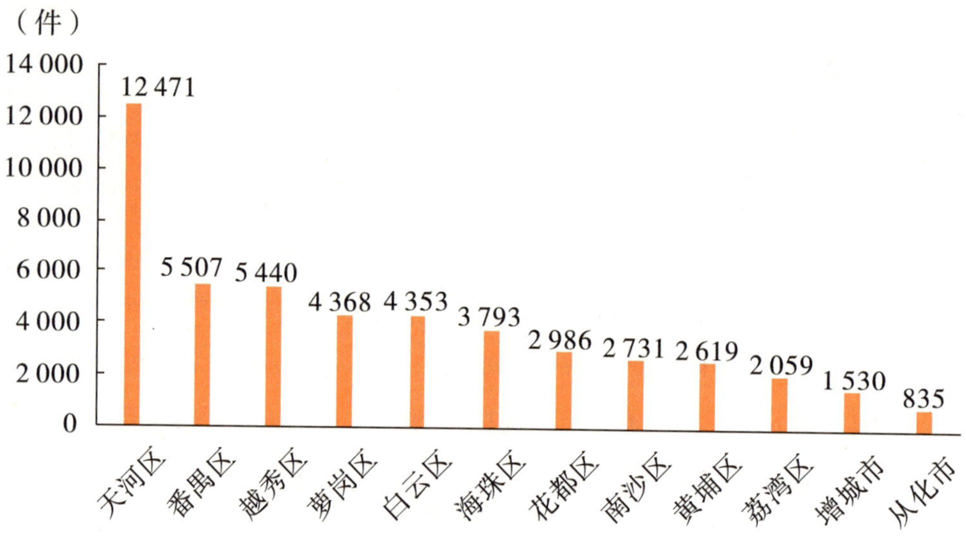

图 7-16 2017 年广州市辖区专项审计业务量

（三）行业分布

1. 结构分析

随着专项审计实施范围不断扩大，广州地区会计师事务所的专项审计客户几乎遍布所有的行业。排名前八的行业是商业、工业、事业单位社团组织、房地产行业、餐饮娱乐业、交通运输业、邮电通信业和金融行业。下面选取排名前三的行业进行分析。

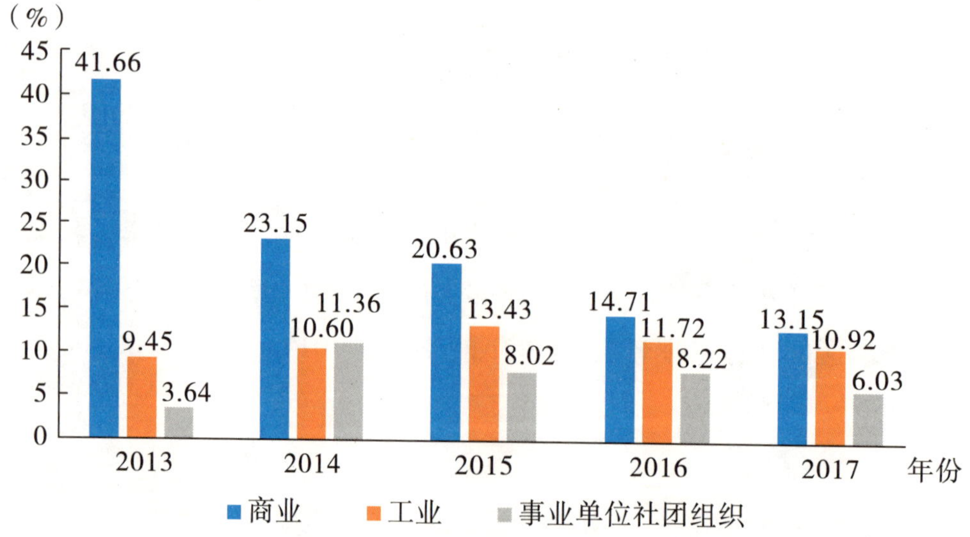

图 7-17 2013—2017 年商业、工业和事业单位社团组织专项审计客户占比

从图 7-17 可以看出，2013 年广州地区会计师事务所的专项审计客户主要集中在较为传统的行业，即商业、工业、事业单位社团组织三个行业，客户占比分别达到 41.66%、9.45% 和 3.65%，合计占比为 54.76%。之后，广州地区会计师事务所不断扩大专项审计服务的行业覆盖范围，到 2017 年，商业行业客户占比下降到 13.15%，工业和事业单位社团组织占比略有上升，分别达到 10.92% 和 6.03%，排名前三行业合计占比下降到 30.10%。从发展趋势来看，一些热门行业如金融业、互联网业等的业务量近年来呈现明显增长趋势。

2. 趋势分析

近年来，广州不断优化企业创新发展环境，突出企业创新主体地位，着力引导企业加大研发投入，加大力度培育高新技术企业。广州地区高新技术企业迅猛发展。截至 2017 年，广州地区共有国家高新技术企业近 8 700 家，是 2014 年的 5 倍多，广州市科技创新企业数据库登记的企业超过 16.9 万家。随着高新技术企业的持续增加，广州地区会计师事务所的高新技术企业相关专项审计业务量也在飞速增长，如图 7-18 所示，2017 年高新技术企业相关专项审计业务量是 2013 年业务量的近 170 倍。随着国家和广州地区政策对创新企业的鼓励和扶持，这方面的专项审计业务仍将持续增长。

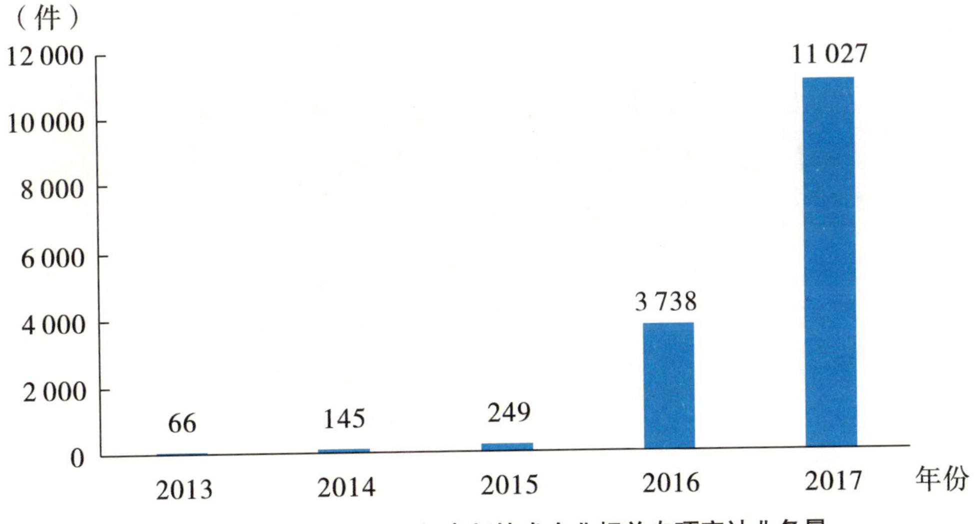

图 7-18　2013—2017 年高新技术企业相关专项审计业务量

从高新技术企业认定专项审计业务的客户集中度来看，如图 7-19 所示，广州地区前五大会计师事务所的业务总量占所有会计师事务所该业务总量的比例逐年下降，从 2013 年的近 90% 下降到 2016 年的 50% 左右。客户集中度的下降将使得注册会计师行业处于持续竞争状态，保持行业良性健康发展，这也迫使会计师事务所不断调整定位，精耕细作，办出特色。在未来，随着注册会计师行业的健康发展，客户集中度将有望进一步降低。

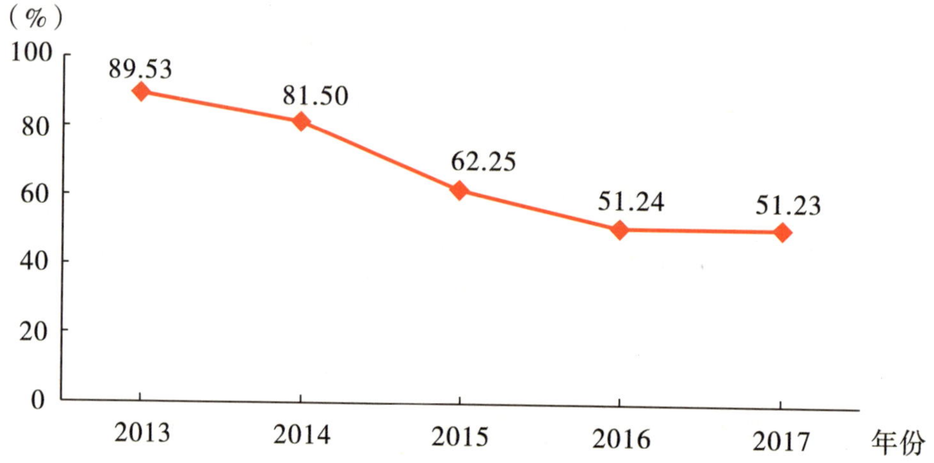

图 7-19 广州地区前五大会计师事务所高新技术企业认定专项审计业务的客户集中度

（四）业务收费

1. 结构分析

从 2017 年专项审计的各项业务收费来看，高新技术企业认定专项审计、验资、外汇审计、清产核资四项业务是收费最高的四项。其中高新技术企业认定专项审计的业务收费合计接近 7 000 万元，占 2017 年专项审计业务收费合计的 10.14%，而在 2013 年，高新技术企业认定专项审计业务收费合计仅为 121.15 万元，仅占 2013 年全年审计业务收费合计的 0.26%，这反映出广州地区高新技术企业的迅猛发展和高新技术企业认定专项审计业务的迅速增加。

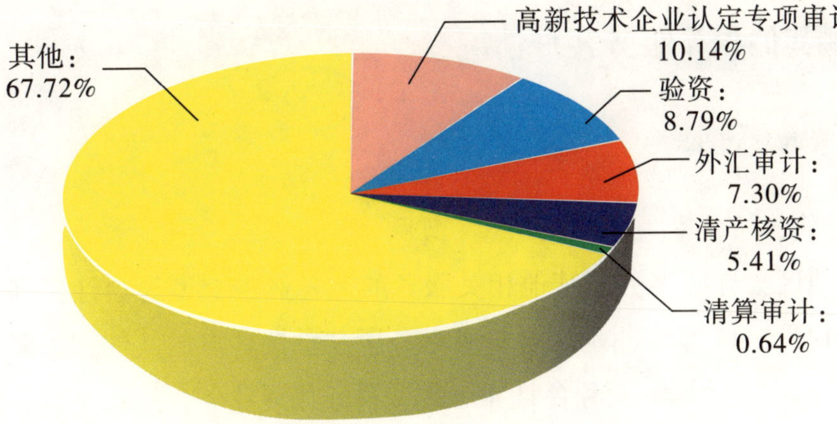

图 7-20　2017 年专项审计各项业务收费占比

2. 趋势分析

专项审计业务收费的走势与业务量近似，近两年一直处于上升状态。由于受到商事制度改革的影响，2014 年审计业务急剧减少，专项审计收费也大量减少，由图 7-21 可知，广州地区会计师事务所专项审计收费在 2014 年下降 7 000 多万元，2015 年保持低位，之后恢复了快速增长状态，这与广州地区会计师事务所积极提升服务能力、加强应对风险的措施密切相关，可预期未来专项审计业务收费会保持稳步增长的态势。

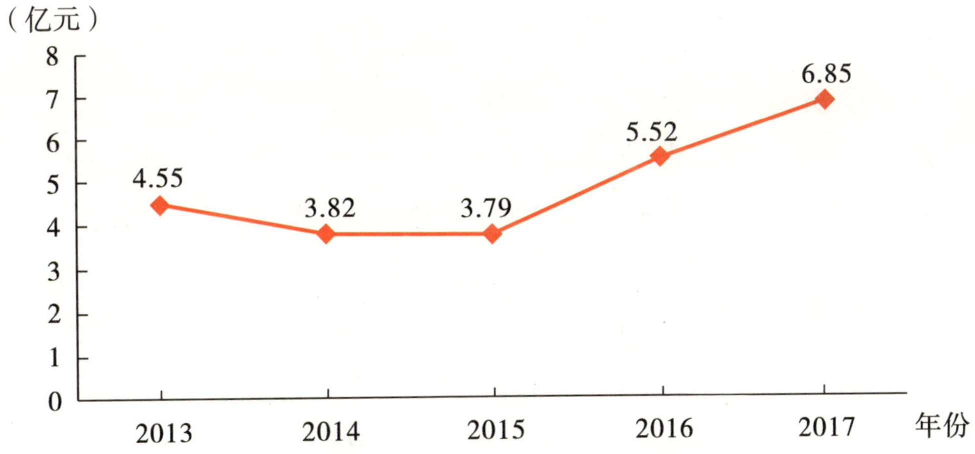

图 7-21　2013—2017 年专项审计业务收费

四、其他相关服务客户情况

（一）业务类型

1. 结构分析

广州地区会计师事务所其他相关服务的主要业务类型为会计咨询与税务代理。2013—2017 年广州地区会计师事务所共承接客户的其他相关服务业务 1 129 件，其中会计咨询业务合计 452 件，税务代理业务合计 479 件，税务代理业务占比最大（见图 7-22）。

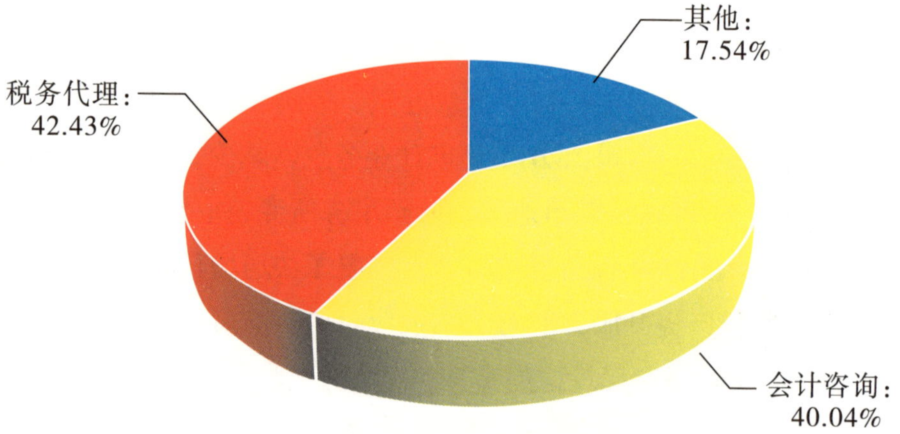

图 7-22　2013—2017 年客户其他相关服务业务分类情况

2. 趋势分析

由于税务业务资质放开的政策因素，从 2015 年开始，广州地区会计师事务所开始承接税务代理业务，当年有 1 项该业务；2016 年，共承接了 2 项业务；2017 年，税务代理业务出现了爆发式增长，数量达到 476 件。

会计咨询业务持续保持较高占比，其趋势在其他相关服务业务中具有代表性，从图 7-23 可以看到，除 2016 年会计咨询业务量有所下降之外，2013—2017 年间，会计咨询业务量总体上呈现明显的上升趋势。

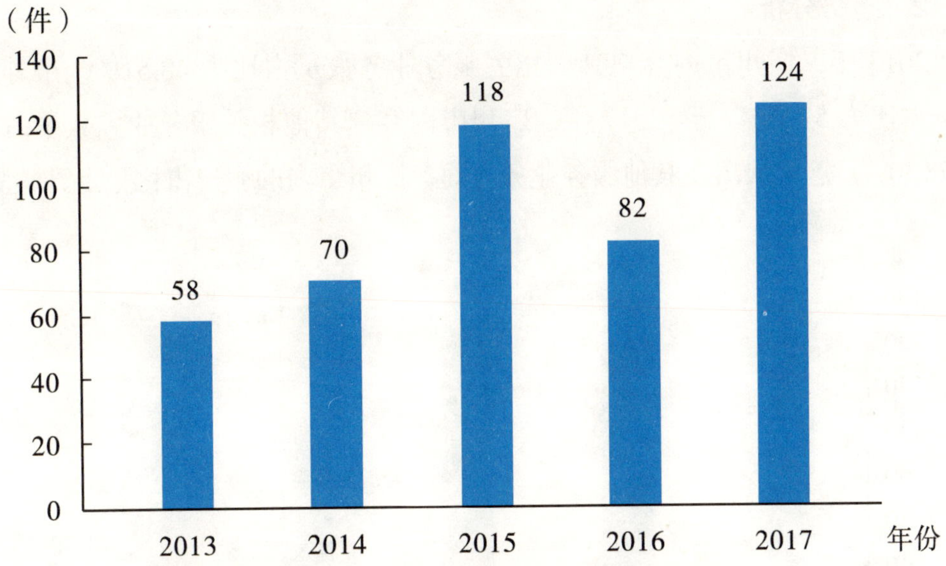

图 7-23 2013—2017 年客户会计咨询业务量情况

（二）地区分布

1. 结构分析

2013—2017 年，广州市内客户共发生其他相关服务业务 826 件，占其他相关服务业务总数的 73.16%；广州市外共发生其他相关服务 303 件，占比为 26.84%（见图 7-24）。可见客户主要分布于广州市内。

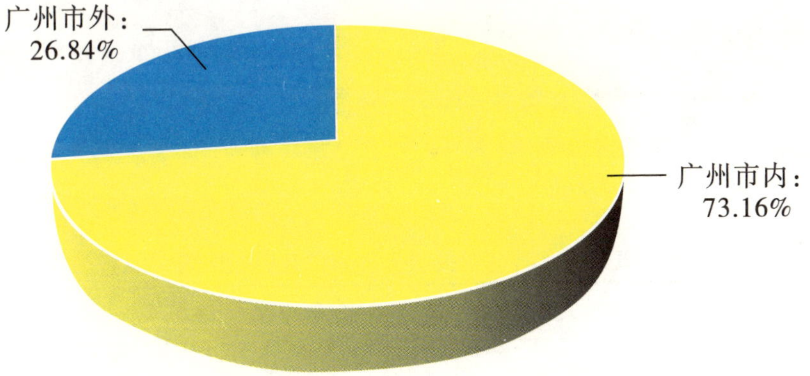

图 7-24 2013—2017 年其他相关服务客户地区分布结构

2. 趋势分析

2013 年，广州市内客户其他相关服务业务数量占比为 48.51%，市外业务数量占比为 51.49%。至 2017 年，广州市内客户其他相关服务业务数量占比达到 78.30%，这反映出在其他服务业务方面，广州市内的客户占比呈上升趋势。

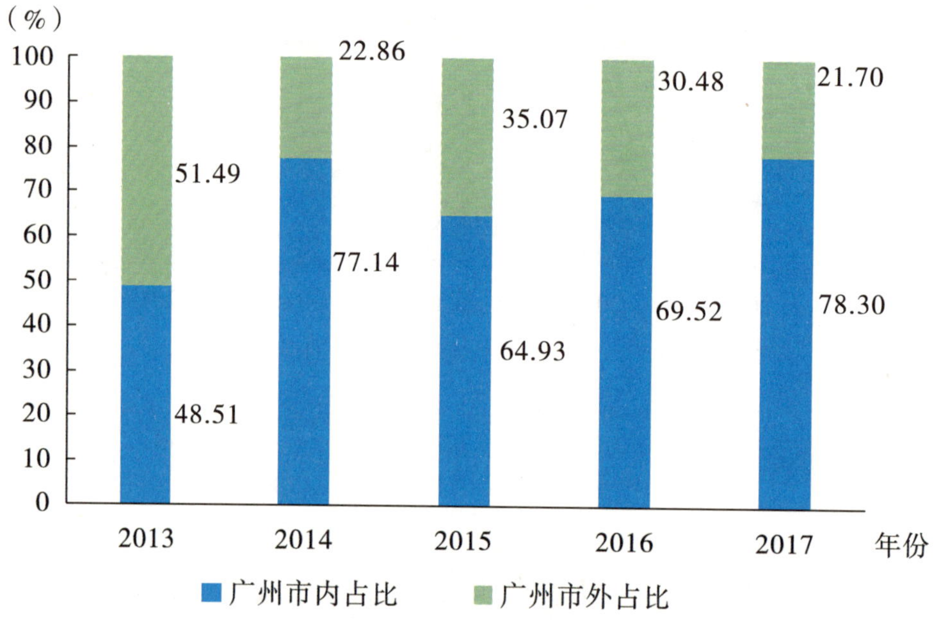

图 7-25　2013—2017 年其他相关服务业务客户地区分布趋势

（三）行业分布

从行业分布情况来看，2013—2017 年没有较明显的行业分布变动趋势，行业分布比较分散，较多报备业务未列明行业。在列明行业的业务数量中，工业、商业、事业单位社团组织占比最高。

表 7-2　其他相关服务客户行业分布情况

行业	业务数量（件）	占比（%）
其他	492	43.58
其他未列明行业	134	11.87
工业	116	10.27
商业	105	9.30

（续上表）

行业	业务数量（件）	占比（%）
事业单位社团组织	70	6.20
信息传输业	52	4.61
邮电通信业	43	3.81
房地产开发企业	22	1.95
建筑安装	22	1.95
交通运输业	30	2.65
零售业	8	0.71
饮食娱乐服务	8	0.71
建筑业	6	0.53
保险企业	3	0.27
电影新闻出版业	3	0.27
房地产开发经营	3	0.27
金融企业	3	0.27
餐饮业	2	0.18
软件和信息技术服务业	2	0.18
物业管理	2	0.18
农、林、牧、渔业	1	0.09
批发业	1	0.09
租赁和商业服务业	1	0.09
总计	1 129	100

注：较多报备业务未列明行业，行业统计数据仅供参考。

（四）业务收费

1. 结构分析

2013—2017年，广州地区会计师事务所通过向客户提供其他相关服务业务共获得收入2 593.14万元[①]，其中会计咨询业务收入占比最大，达到69%，其次为其他业务。这说明就其他相关服务业务而言，会计咨询业务不仅从业务数量上占比较多，而且给会计师事务所行业带来了最多的收入。

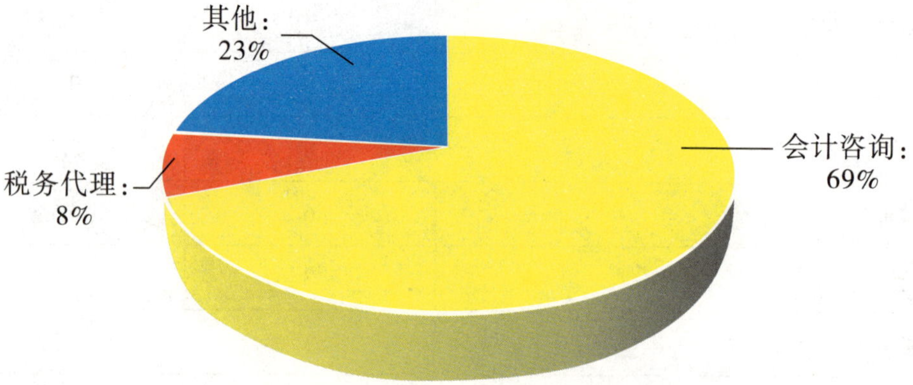

图7-26 2013—2017年其他相关服务业务收费结构分布

2. 趋势分析

2013—2017年，其他相关服务各业务总收费占比趋势如图7-27所示。从整体趋势看，除2014年外，会计咨询的总收入占比下降，税务代理的总收入占比上升，与业务数量占比的趋势大体相同。

① 统计数据来源于实时报备系统，该系统主要报备鉴证业务，导致部分非鉴证业务未被纳入统计。

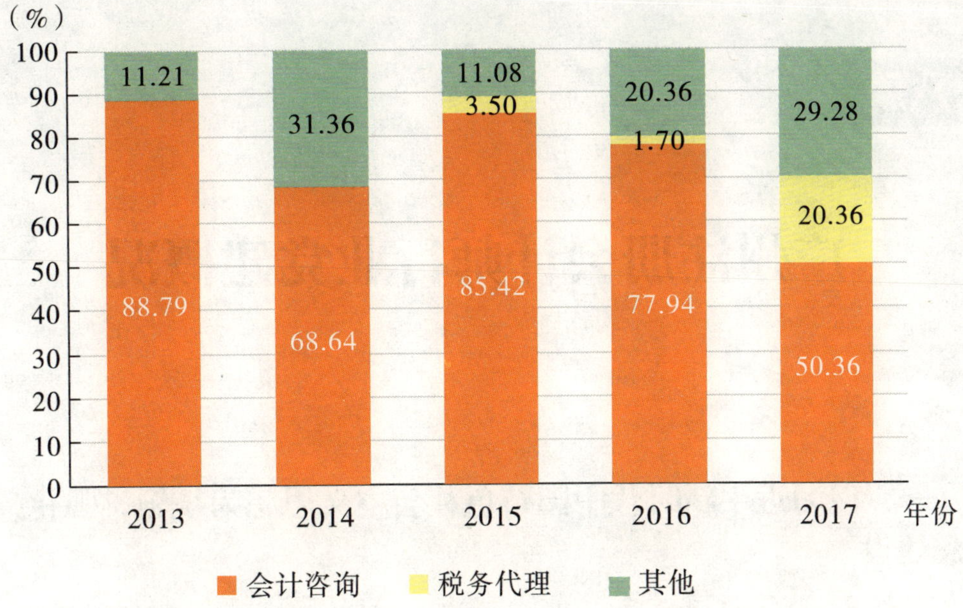

图 7-27　2013—2017 年其他相关服务业务总收费占比趋势

第八篇

广州注册会计师行业党建概况

一、以习近平新时代中国特色社会主义思想为统领，强化政治思想建设

一是深入学习贯彻习近平新时代中国特色社会主义思想。广州注册会计师行业现有63个基层党组织、中国共产党党员1 410人，其中，拥有中国注册会计师执业资格的党员736人。行业党委始终把政治建设摆在首位，把思想建设作为基础性建设，组织召开专题理论学习会议，印发《中共广州市注册会计师协会行业委员会关于认真学习宣传贯彻习近平总书记重要批示精神的通知》，为每个支部配发《习近平谈治国理政》第二卷。各党支部认真召开专题生活会，组织全体党员认真学习领会习近平新时代中国特色社会主义思想精髓，教育和引导行业广大党员坚定“四个自信”，树立“四个意识”，做到“四个服从”，从思想上、政治上、行动上同以习近平同志为核心的党中央保持高度一致，维护党的集中统一领导和党中央权威，自觉用习近平新时代中国特色社会主义思想武装头脑、指导实践。

二是深入贯彻落实党的十九大精神。制订印发《中共广州市注册会计师行业委员会学习宣传贯彻党的十九大精神实施方案》，组织全体党员进行党的十九大精神网上考学活动，要求合格率为100%。各党支部通过召开专题党课、座谈会等形式，迅速掀起学习党的十九大精神的高潮。普华永道中天会计师事务所广州分所党委召开学习党的十九大动员大会，并组织开展“奋进新时代、开启新征程”认真学习贯彻党的十九大精神的专题党课。毕马威

华振会计师事务所广州党总支召开支部大会，邀请中国共产党第十九次全国代表大会代表、毕马威华振会计师事务所上海分所党委书记做十九大精神宣讲，毕马威中国主要分所党组织共同通过视频会议参与到此次十九大精神分享会中。广东正中珠江会计师事务所党委组织召开党团群众代表学习交流座谈会。

三是扎实推进“两学一做”学习教育常态化、制度化。制定印发《“两学一做”学习教育手册》《学党章党规、系列讲话，做合格党员，“两学一做”学习教育先进典型案例导读》，邀请专家学者做专题辅导。举办第三届“综合知识竞赛”，竞赛内容涵盖：审计、税务、党建知识（包括“两学一做”的基本内容、党章及党纪相关规定），把推进“两学一做”学习教育常态化、制度化与爱岗敬业精神紧密结合，促进业务发展，取得良好效果。行业党委还召开座谈会，分别介绍推进“两学一做”学习教育常态化、制度化的经验、实施“双培工程”人员培养战略和依托信息化系统开展项目组“党员 + 群众”组合和党员评优的做法。

二、以提升组织力为重点，加强行业党组织建设

一是加强行业党委自身建设。行业党委带头落实党建工作责任制，定期向市财政局党组汇报党建工作，进一步健全党建工作机制，切实把学习贯彻习近平新时代中国特色社会主义思想和党的十九大精神作为当前的政治责任，引领行业全体党员真学、真懂、真信、真用，切实推动习近平新时代中国特色社会主义思想在全行业落地生根，切实做到把党的十九大精神真正转化为会计师事务所发展的前进动力。2016 年，行业党委被市社会组织党委评为“优秀党组织”。

二是不断扩大“两个覆盖”。重点指导推动普华永道中天会计师事务所广州分所、广东正中珠江会计师事务所成立党委。其中，普华永道中天会计师事务所广州分所党委于 2016 年 12 月 9 日成立，这是广州首家成立基层党委的会计师事务所。2017 年 6 月 9 日，全省规模最大的本地会计师事务所广东正中珠江会计师事务所成立党委，目前共有党员 174 名，占员工比例近 3 成。同时，行业党委及时发掘符合条件的会计师事务所并帮助其成立党支

部。2016年10月，行业党委帮助并批复天职国际会计师事务所广州分所成立党支部。

三是进一步加强会计师事务所党组织规范化建设。行业党委进一步优化管理及对外指引流程，积极提高党务工作效率，认真收集完善党员、入党申请人员、新建党支部等信息，引导和鼓励基层党组织书记带头讲党课，优化党员组织关系办事流程，推进党组织工作有规范、做事有章法。继续发展壮大注册会计师党员队伍，认真组织广大党员参加各类党建实践活动，近年先后共计10个会计师事务所党组织和20名从业人员分别被省注协党委评为“先进会计师事务所党组织”“优秀党支部书记”“优秀共产党员”和“优秀党务工作者”。2016年办理组织关系介绍信427次，党员增加224名。

四是结合行业特点，创新党建活动。组织行业全体党员参加“抄写党章硬笔书法展”活动，推动学习党章与遵守注册会计师职业道德守则相结合，切实提高活动的吸引力和凝聚力。针对行业从业人员的工作特点，各基层组织利用内部管理系统、微信群、微信公众号等新媒体手段开展学习教育，扩大学习覆盖面。比如，致同会计师事务所广州分所党支部书记及党员合伙人安排所内党员及群众交流，创新方式讲党课，引导党员搞好自学。安永华明会计师事务所广州分所党委针对年轻人多、工作生活高度依赖网络的特点，积极探索线上党建的形式，如组建微信党建群、搭建内网论坛党员服务区等，及时下发学习材料，引导党员讨论发言。广东正中珠江会计师事务所党委与广东外语外贸大学会计学院师生开展“校企强强联合，育诚信敬业会计人”主题党建活动。

三、以统战、群团为抓手，带领行业人员服务大局

一是强化服务保障，规范统战工作。行业党委把统战工作纳入党委重要议事日程，认真谋划部署，建立健全行业统战工作联席会议和沟通协作机制，每年召开一次联席会议，研究和总结行业统战工作。组建注册会计师统战工作机构，配齐配强工作力量，确定一名党委委员负责行业统战工作，做好对党外注册会计师的团结、引导和服务工作，保障行业统战工作能力和规范化水平不断提高。成立广州市新的社会阶层人士联谊会注册会计师行业分

会，开辟了新形势下注册会计师专业服务工作者的新领域，对激发党外知识分子的诚信自律和创新精神起到极大的促进作用。

二是积极推荐代表人士参政议政。自 2016 年新一届行业党委成立以来，经过各方努力，广州地区 6 名会计师事务所合伙人分别担任市级党代表、人大代表、政协委员，其中 1 人当选党代表、3 人当选市人大代表、2 人当选市政协委员。这是广州注协党委成立以来，推荐行业优秀人士当选市级党代表、人大代表、政协委员最多的一次。2017 年，行业党委先后推荐 1 名省人大代表和 1 名省政协委员，持续推进行业参政议政工作。2018 年 1 月，广州注册会计师行业 2 位专业人士当选全国政协委员。

三是扎实推进群团工作。加强对共青团工作的领导，指导行业团组织加强青年思想政治教育工作，推进行业内共青团的组织和工作覆盖，动员行业广大团员青年在新征程中发挥生力军作用。2016 年 11 月 8 日，组织行业优秀党员、团员到市财政局新时期精准扶贫对口帮扶村连州市沙子岗村进行扶贫捐赠活动。

四、以科学发展为目的，推动行业高质量发展

一是狠抓行业党风建设，助力行业诚信自律。行业党委始终坚持“党建与业务相结合、贯彻与创新相结合、面上与重点相结合、当前与长远相结合”的原则，根据注册会计师行业党组织的职责和任务，经常性宣传贯彻党和国家的路线、方针和政策，引导和监督会计师事务所遵守国家的法律法规，支持和促进会计师事务所持续健康发展，切实把党的组织优势、政治优势转化为业务优势、发展优势。结合注册会计师职业特点，把党员教育与行业诚信建设和职业道德建设相结合，营造出“诚信为荣、失信可耻”的社会氛围。

二是开展廉洁教育，引导行业诚信执业。行业党委坚持防范在前，有针对性地开展多项党风廉政建设与行业诚信自律执业紧密结合的活动，教育引导会计师事务所负责人、党组织书记自觉遵纪守法、诚信自律、诚信执业。2016 年 10 月，行业党委组织 50 名会计师事务所所长及支部书记前往广东省反腐倡廉教育基地开展廉洁从业警示教育学习。

三是围绕服务发展，创新开展党建活动。行业党委指导各会计师事务所党组织围绕生产经营开展党建工作，推动党的建设和行业发展互融共进。比如，行业党委邀请中共广东省委党校教授结合行业发展实际，为行业党员代表做《关于供给侧结构性改革问题》专题辅导报告。同时，引导各基层党组织建立重大决策党组织参与、生产经营党员议事等制度，设置党员示范岗、党员先锋岗，引导党组织融入企业重大决策和生产经营管理各方面，搭建党组织和党员发挥作用的平台。

第九篇

展 望

一、广州注册会计师行业环境分析

近年来，资本市场监管日趋严格，国企与行政单位改革深入，新会计准则与审计准则变化不断完善，这一系列行业环境的变化都将影响会计师事务所的发展，使之面临众多机遇与挑战。

（一）政策环境

1. 商事制度改革，会计师事务所传统业务量骤减

自2013年国家启动商事制度改革以来，企业年检制度改为年度报告制度，注册资本由实缴登记制改为认缴登记制，会计师事务所部分法定业务转变为非法定业务，法定业务范围不断收窄，企业年检审计业务、验资业务大幅缩水，对中小型会计师事务所尤其是规模较小、执业业务单一的会计师事务所冲击较大，使其传统业务收入来源骤减，以至于在改革后的一段时间内面临巨大的生存压力，亟待转型拓展新的业务增长点以维持会计师事务所，尤其是中小型会计师事务所的持续健康发展。

2. 深化改革持续推进，市场需求日益多元

随着我国深化改革的推进，各级政府部门转变职能以适应时代变迁，政府审计及其他延伸业务不断扩张，对注册会计师行业提供的专业服务需求不断增多，对其认可度也不断增强；行政单位、事业单位对外购买会计服务数量增多、购买程序日益完善；公共事业单位对注册会计师需求增多，企业、事业单位要求注册会计师提供全方位、多层次、高标准的服务。新增的服务对象群体庞大，市场需求多元化无疑给注册会计师行业发展注入了新的动力，特别是为中小型会计师事务所提供了较多的业务机会，为其发展带来机遇。

近年，广州市积极推动传统老城区、老工业区向现代化中心城区转型，例如广州的琶洲用两年多时间在集聚区、核心区引入了腾讯、阿里、复星、国美、唯品会等16家领军企业，总投资达600亿元，集聚效应愈发凸显，也为广州地区各会计师事务所提供了多元化的业务需求。

3. 各级党委和政府日益重视，社会地位不断提高

广州注册会计师行业的健康发展以及对经济、社会的贡献，得到了社会广泛的赞赏，受到了各级党委和政府的重视。2016年，广东省委书记在广州市委书记的陪同下，莅临广州的会计师事务所视察，深入了解注册会计师行业的发展和需求。2017年，广东省委副书记、广州市委书记到广州的会计师事务所视察、调研，对注册会计师行业的发展给予鼓励和支持。2017年，行业产生了两名全国政协委员及一名省人大代表，行业协会被评定为5A级社会组织，这些都充分体现了社会各界对注册会计师行业的认同，为行业的发展营造了更好的环境。

（二）经济环境

1. 市场主体持续增加，业务体量同步上升

随着经济不断发展、改革不断深化，经济发展更加倚重市场资源配置所发挥的决定性作用。会计信息越准确、透明、真实，越有助于市场资源配置的合理化、集约化，而这些都需要注册会计师提供专业支持，各行业对于注册会计师行业的需求将日渐旺盛。近年来，国家支持民营企业发展、激发各类市场主体活力，市场主体数量增加，众多企业发展迅速，势必为注册会计师行业提供大量业务。

新时代背景下，大批新兴产业及技术型企业应运而生，这些企业对资本的需求量大，而注册会计师则是他们走向资本市场过程中不可或缺的一环。广东省加快推进金融改革发展，致力于建设金融强省，做大做强广州、深圳两个区域金融中心，积极建设规范高效的区域金融市场，整合提升地方金融市场交易平台，大力发展直接融资。此外，十九大强调“深化投融资体制改革，发挥投资对优化供给结构的关键性作用”，这些政策导向直接推动了相关的 IPO 和新三板业务的发展，使部分未获得证券从业资格的会计师事务所客户资源变动大，业务量减少，而拥有证券从业资格的会计师事务所虽然业务量大，但同时也由于客户多、工作量大，在业务质量上面临严峻挑战。

2.“一带一路”战略推进，行业发展迎来机遇

国家加快发展混合所有制经济，推进国有企业股权多元化改革，放开所有竞争性领域，鼓励多种所有制形式参与投资、融资、并购重组、控股、参股、公司上市融资乃至走出国门等。为推动区域经济发展，国家全面加强与丝绸之路经济带和二十一世纪海上丝绸之路沿线国家和地区的务实合作，广州正是“一带一路”的重要枢纽城市。作为企业走出去的“军师”，会计师事务所充分利用自身专业知识以及丰富的实践经验，为企业提供经济监督、经济鉴证、管理咨询等专业服务。国际化业务的需求增大，要求会计师事务所提高获取数据、筛选数据和分析数据的能力，建立重点客户的共同需求模型，为客户提供更为个性化的服务。此外，境外业务的扩张也对会计师事务所提出了挑战，以往的国际化业务是由审计单位位于国外的母公司在中国境内设立子公司，相关审计业务事宜以国外会计师事务所总所为主导，国内会计师事务所则处于配合、执行的角色；“一带一路”倡议推进后，相关企业的母公司在中国则需由国内会计师事务所提供全部审计及其他拓展业务的服务，这要求国内的会计师事务所提高业务能力，这对四大所及本地大所都是很大的挑战，而其他本地所则是定位于专项业务。

2017 年省会城市的 GDP 排名中，广州继续位居第一，经济总量大，市场发展对于注册会计师行业的需求相对更大，此外，广州的进出口贸易占比大，对外开放程度高，进一步推动了本市注册会计师行业的国际化发展进程。

3. 与港澳深度融合，建设核心增长极

国家大力落实粤港澳大湾区核心增长极的作用，推进广州与港澳的全面深度融合，建设南沙粤港澳全面合作示范区。面对港澳实施更大程度的先行先试和更高水平的开放政策，最大限度地发挥城市群协同效应，区域间合作加强、港澳居民进入内地发展，都将为广州地区会计师事务所的业务发展提供新机会。

（三）社会环境

1. 城市规模扩大，基础配套需求大

截至2017年末，广州市常住人口为1 449.84万人，广州市政府印发的十三五规划纲要提出2035年常住人口规模控制在2 000万人左右，同时按照2 500万管理服务人口进行基础设施、公共服务设施配套建设，并且提出有序疏解旧城区人口，引导人口向城市外围集聚，加快城市化进程。由于人口增长以及城市建设需要，基础建设及配套服务有较大的发展空间，与此相关的各项传统专项审计等服务工作存在相应的增长空间。

2. 市场定位差异明显，分层竞争格局形成

中小市场主体的风险意识、现代企业管理意识、自我权益保护意识等不断增强，对注册会计师行业提供的财税咨询、管理咨询、内部控制、投资决策等专业服务需求也越来越大，为会计师事务所从单纯提供鉴证服务转型为多元化服务提供有利机会。

虽然业务需求量大，但会计师事务所的业务集中度较高，大型项目的审计及扩展业务往往被少数大所承揽，而政府部门和国有企业的大型项目在外聘中介机构时也往往以会计师事务所排名作为申报门槛之一。对于大所而言，客户相对稳定，业务的综合性较高，通常以审计业务为主，通过深入挖掘和拓展客户的其他业务需求，为客户提供全方位的深度服务。对于其他本地所而言，其细分市场客户与大所面对的客户截然不同，对业务的需求和要求都与大所存在明显差异，其着重挖掘本会计师事务所擅长的业务，“配角”定位明确。近年来其他本地所纷纷寻求转型，改变以鉴证业务为支柱的经营模式，开始以专项审计及其他相关业务为切入口，促进良性发展。

3. 从业人员流动快，知识技能要求高

在注册会计师行业中，从业人员知识更新快、工作压力大，人员流动比较频繁是行业发展的一大特点。根据调研数据，大所人员的年流动率在二十百分点左右，但由于大所知名度高、培训与晋升体系较为完善，每年能

够吸引大批新员工加入，与人才流出基本能够相互抵消；而其他本地所的人员流动情况则不容乐观，会计师事务所的长久持续发展面临困难，如何培养和留住人才对于其他本地所来说仍颇具挑战性。

与此同时，社会公众对会计师事务所的期望值往往较高，大大降低了注册会计师行业的容错率，注册会计师所需掌握的知识更新快、经济转型带来的业务多元化，对人员的知识体系提出了更高的要求，不仅要求从业人员具有专业的会计知识，还要求其掌握一定的金融知识与计算机知识。因此，如何在保持注册会计师职业道德的同时，加强知识储备、提高相关审计专业能力以更好地服务地方经济、满足社会需求，成为行业不得不面对的重大挑战。

（四）科技环境

1. 服务对象不断创新，会计师事务所执业要求高

十三五时期，全球新一轮科技革命和产业创新面临突破，国际产业分工格局在重塑，一批重大颠覆性技术创新将形成新的生产方式、产业形态、商业模式和经济增长点。

政府高度重视科技及产业创新，高新技术企业在时代的要求及政策红利的推动下持续增长，企业的经营范围不断扩张，行业的边界不断拓展，生产、经营模式不断转变，跨界融合层出不穷。因此，服务对象的创新发展必然对会计师事务所的服务提出更高的要求，会计师事务所需要不断强化自身职业能力，不断调整发展定位，以适应科技发展过程中各层次、各类型的组织对鉴证业务、咨询业务的多元化需求。

2. 信息技术发展，机遇挑战并存

物联网及大数据时代发展迅猛，物联网信息技术使得信息的透明程度越来越高，获得信息的成本也越来越低，一方面，可能弱化注册会计师鉴证的功能，使得注册会计师行业面临挑战；另一方面，大数据提供了海量且种类多样的数据，能够更加便捷地帮助注册会计师完成审计工作，提高鉴证业务的质量。因此，信息技术的不断进步，对会计师事务所及从业人员带来了新的挑战与机遇，注册会计师需要不断学习，从而更好地适应新技术、新业务的要求。

二、会计师事务所的规划与期待

（一）会计师事务所的规划

1. 找好定位，做专做精

面对鉴证业务尤其是年报审计业务的下滑，非鉴证业务占业务收入比例的增加，许多会计师事务所开始转型，核心问题是结合会计师事务所自身情况进行准确定位，做专做精。面对转型，四大所、本地大所和其他本地所在资质、执业能力、注册会计师数量、内部管理和营收规模等各方面都存在差距，这决定了各自定位与发展方向有所不同。

四大所资质高、执业能力强，客户群体高端且黏性好，在资本市场、创新业务、高端客户的管理咨询业务上有明显优势，可大力发展税务咨询业务，从传统会计师事务所转型为提供综合性服务的机构。

本地大所的服务对象多为中高端客户，在资本市场上的角色以服务中小板、创业板和新三板企业为主，其执业能力和发展能力与四大所依然有一定差距，应当夯实基础，抓住经济发展的机遇，提高发展业务能力，拓展服务的广度和深度。

对许多其他本地所来说，虽然执业能力与四大所和本地大所仍存在一定的差距，但其经营成本低、专业特色突出、服务角色灵活，能适应数量多、规模小、种类多、经营结构单一的中小企业，为它们提供便捷灵活的专业服务。

因此，会计师事务所的发展规划关键在于找准自身在市场中的位置，培育自身的特色，在细分市场做专做精的同时，重视开拓新的业务增长点。

2. 服务区域经济发展，抓住历史机遇

随着国家经济开放程度和市场化程度的提升，注册会计师行业面临着历史性的发展机遇。国家层面上，中国经济发展进入“新常态”，供给侧结构性改革、“一带一路”倡议、“深化金融体制改革，增强金融服务实体经济能力，提高直接融资比重，促进多层次资本市场健康发展”等改革发展战略带来新的机遇。区域层面上，广东是中国改革开放的前沿阵地，是“四个走在全国前列”的排头兵，不仅深度参与“一带一路”建设，更是全面实施国家粤港澳大湾区建设规划、积极打造区域金融中心、进一步扩大服务业开放领域、促进外贸优进优出的实践者。经济的发展扩大了会计师事务所的服务外延，会计师事务所应当抓住机遇，将业务范围从广州市扩展到粤港澳大湾区和“一带一路”上的国家地区，为众多企业“走出去”和“引进来”提供财务咨询、税收筹划、管理咨询、内部控制等非审计服务。

3. 提高业务能力，培养复合型人才

会计师事务所应当有针对性地培养鉴证与非鉴证业务不同的人才。

对鉴证业务而言，核心是业务能力。为政府、企事业单位等提供服务，需要业务人员具有专业的业务能力，最基本的能力之一是熟悉国家相关的财务、税收以及其他相关的法律法规变化情况，不断努力更新财务、税收等知识。首先，在技术发展的助推之下新时代经济发展的方式在不断发生变化，与此相适应，会计准则、审计准则也在持续调整，知识更新越来越快，对会计师行业的从业人员的知识储备和职业判断提出了更高要求。其次，专项审计的类型也在不断丰富，一方面是企业的审计需求随着政策的变化有所增加，如 2015 年以来高新技术企业认定相关审计的增加等；另一方面，伴随着国家治理体系的完善，会计师事务所也越来越多地参与到政府审计相关的业务中去，涌现出不少新型业务，与政府服务相关的专项审计业务仍旧保持持续增长，为业务人员的工作增加了难度。鉴证业务比重的下滑是非鉴证业务增长所致，但其本身依然有着广阔的市场，会计师事务所的业务承接能力是保持市场开拓的关键所在。这要求从业人员要持续不断地学习，将学习范围从财务、税法扩大至其他领域，如计算机、金融、产业基金等，不断扩充自己的知识面，增加对各行各业的了解，对各种知识融会贯通，提高自己的职业判断能力。此外，还要关注国家和党的大政方针，了解业务动态，运用计算机技术提高效率，增强专业服务能力。

非鉴证业务则更加需要复合型人才。非鉴证业务如管理咨询、会计咨询、税收筹划、企业施行会计准则等对从业人员的能力要求更加多元。除了传统的财税知识外，一方面，中国现代企业发展到今天，更加关注长期战略目标的实现，业务人员的组织和企业管理技能相当重要；另一方面，非鉴证业务涉及各行各业，行业特征迥异，业务人员也要了解相关的行业背景与发展趋势，才能更好地提供服务。因此，会计师事务所应当培养复合型人才从事非鉴证业务：除熟练掌握会计、审计、财务、税务等相关法律知识外，还要了解组织与企业的管理、信息技术的应用、各行业的背景知识，更要提升知识的应用技能、人际与沟通技能等软技能。

4. 利用信息技术，提升审计效率

随着信息技术的发展，财务共享、财务机器人等相继出现，在技术发展的驱动下，会计师事务所应当跟上时代的步伐，积极利用信息技术来提高审计效率，降低审计成本，如结合从业人员的知识，给电脑下达某些命令编程，再让电脑筛选出异常或矛盾的地方，再展开审计，这样可以大幅度提高审计效率。落后的手工底稿模式会逐渐被淘汰，而转向各种电子化数据的运用，使得重复烦琐的工作慢慢由机器代替；又如运用信息技术开发建设人力资源、执业标准、质量控制、审计档案管理等资料数据库，推动会计师事务所内部管理水平稳步提升。信息技术的发展，也对审计人员提出了新的要求，要懂得利用计算机提高工作效率，提升工作效果，将自己从部分重复单调的工作中解放出来，留出更多的精力和时间用于职业判断和专业服务。

5. 同行资源整合，扩大规模和竞争力

目前，大多数会计师事务所规模小，人才和业务资源分散，业务能力、竞争力以及抵御风险的能力弱，无法跨入众多政府采购和大中型企业的相关业务门槛，即使是本地大所，也没有一家跨省市的全国性总所，与广州地区的行业规模和地位不相称，更无法与北京、上海相比。因此，本地大中型所，尤其是证券所，可以参考四大所和北京、上海全国性总所以及大型律师事务所的经验，建立和完善内部责任机制，加快与其他本地所或外地所合并的步伐，实现资源优势互补，努力做大做强，争取尽早形成标杆式的全国性总所，使广州地区的注册会计师行业跨上新台阶。

（二）对行业协会和政府部门的期待

1．对广州注册会计师协会的期待

（1）加强行业监管，完善执业环境。

首先，应加大行业内部的质量检查力度，提升行业的风险意识。数量庞大的会计师事务所及其注册会计师人员从客观上给行业监管带来了困难。广州注协可加大执法和处罚力度、建立审计舞弊发现长效机制、改进会计师事务所综合评价方法、建立信用评级制度。其次，提高监管人员素质，改进监管手段和方法，提高监管工作效率和检查工作效率。一方面，各行各业的审计工作有较大差异，审计工作的重点也有所不同，尤其是一些新业务，涉及大量的专业判断，这对监管人员提出了较高的要求；另一方面，监管工作人员本身的会计师事务所工作经验、检查经验会影响监管工作的效果与效率。因此，未来应进一步提高监管人员素质，改进监管手段和方法。再次，严厉打击和惩罚恶意竞争行为。针对目前存在的业务分割、索取回扣、不正当低价竞争等损害行业利益的行为，应规范审计业务的收费，对新业务收费严格审查，避免不正当的竞争，提高审计工作质量，加大打击和惩罚力度，维持市场的良好秩序。最后，深入推进行业诚信建设，积极营造“诚信为本、操守为重”的行业诚信文化。诚信是行业的核心价值，是社会公众信赖行业的基础。努力打造注册会计师职业品牌，铸造行业诚信形象，才能获得公众的信任，促进行业的持续性发展。

（2）打造广阔交流平台，促进人才、行业发展。

首先，广州注协应当搭建更为广阔的交流平台。随着广州市经济的发展，注册会计师行业面临新的挑战与发展机遇，积极打造平台增加国际交流可以提供更多学习国外先进理念与经验的机会。广州与很多国际城市建立了友好城市关系，与兄弟城市举办的经济交流会中，应该有更多注册会计师参与发言和交流，迅速提升广州注册会计师行业的市场知名度。政府相关机构和协会举办交流会，有助于大幅提升粤港澳大湾区内会计行业整体在国际市场的认可度和影响力。其次，在经济转型和发展的大背景下，广州注协应继续开展会计师事务所之间、从业人员之间的经验交流活动，分享成功经验与审计得失心得。目前主任会计师之间的交流活动相对较多，而其他岗位，如总审计师（质控人员）、部门经理人员等相关业务人员之间进行业务交流不多，因此加强交流很有必要，通过交流可以取长补短，促进提高。再次，在培训与继续教育方面，广州注协应紧跟时代发展，及时与政府各级部门合作，获取新的政策文件，及时更新课程，加大对从业人员的业务培训工作，为他们提供更多有针对性的培训。继续教育课程应当及时反映业务领域的发展，尤其是网络课程，不应滞后。为增强培训效果，广州注协可充分利用国家会计学院、本地区财经院校和行业专家的专业资源，丰富课程体系和加强案例教学内容，严格教学管理；还可设置专门部门或者专人负责专业技术咨询工作，对会员咨询的专业问题做出及时答复，对具有普遍性、代表性的问题，应向所辖会计师事务所公告。最后，在培训领域方面，对会计师事务所转型的重点业务方向，广州注协可组织专题培训，提高培训的针对性，制定专项业务技术指引，例如对近年发展较快的高新技术企业认定专项审计、司法会计鉴定以及参与招投标等业务加强具体指导和培训，为会计师事务所开展相关专业服务提供技术指导，提升其他本地所承接新业务的能力，为其他本地所壮大发展提供有力支撑。

2. 对政府部门的期待

（1）重视行业战略平台作用，提供良好政策支持。

注册会计师是国家经济信息质量的“守门人”，不仅是市场经济监督体系的重要一环，注册会计师行业更是在服务经济转型、产业升级、政府职能转变和诚信社会建设等方面发挥着至关重要的作用，创造了巨大的社会和经济效益。期望政府部门继续重视注册会计师行业的战略平台作用，加深对注册会计师行业价值的认识，为其发展提供良好的政策支持，加强注册会计师行业法律法规体系建设、大力拓展注册会计师业务领域、完善会计师事务所组织形式、加强注册会计师行业行政监督和推进会计服务市场开放等。此外，随着政府相关的专项审计业务增长，越来越多的政府部门和政府机构接受注册会计师提供的审计及相关服务，对此，注册会计师行业需予以必要的、规范的配合，主动提供全面、真实、准确的信息，以保证审计的质量。

（2）营造公平竞争环境，支持行业业务发展。

政府在购买注册会计师行业的服务时，已经基于注册会计师数量、会计师事务所营收规模等方面建立了备选库，部分中小型会计师事务所受限于自身规模条件，不仅没有证券从业资格，也无缘国有企事业单位的鉴证和非鉴证业务，不利于中小型会计师事务所参与竞争。政府应当更多地关注自身的实际需求和会计师事务所的执业质量，进一步放开准入门槛，给中小型会计师事务所提供参与竞争的机会，营造公平竞争的市场环境。

与此同时，除审计服务、会计服务等技术性服务外，政府部门可以将政府履职所需辅助性事项中适宜由社会力量承担的专业性服务事项纳入政府购买公共服务的范围，进一步拓宽政府购买公共服务的领域，加大政府购买公共服务的力度，充分发挥注册会计师行业的经济监督作用。建议政府部门将重要职位的公职人员进行经济责任审计，将环保、事业单位、社团、民办非企业年度财务审计等纳入政府购买公共服务的重点推广范围，制定明确的时间进度表，辅以必要的抽查监督，为广州注册会计师行业的可持续发展创造更多的机会。

三、广州注册会计师行业展望

1978年开始的改革开放，广东地区敢为人先，创造了一个又一个的发展奇迹。而进入新时代，在习近平总书记中国特色社会主义思想的指导下，南粤大地处处都是“撸起袖子加油干”的火热场景，广东更是被光荣地赋予了“四个走在全国前列”的新使命。供给侧结构性改革、创新驱动发展加速、“一带一路”倡议、粤港澳大湾区建设、金融体制改革深化、广东自贸试验区建设等国家政策因素，以及广州金融中心建设、广州国家重要中心城市建设等区域发展定位，都将为广州地区的经济、社会发展提供新的历史机遇。广州作为广东的省会城市，必将紧紧抓住新时代发展的新机遇，推动广州国家重要中心城市建设全面上水平，在全省实现“四个走在全国前列”中当好排头兵。经济发展动能转换、粤港澳深度合作、“一带一路”开放新格局、“走出去”、“请进来”、企业转型升级和创新发展等都将为广州注册会计师行业的发展提供广阔的服务空间。与此同时，地方政府职能的转变、对公共资源配置的监督、廉洁社会建设和社会组织发展等也将产生大量的专项鉴证和咨询服务需求，政府通过向会计师事务所购买服务，让会计师事务所参与到国家经济监督体系之中，为国家治理的规范化、标准化和制度化保驾护航。

对于广州注册会计师行业而言，现在是一个大有可为的时代，更是一个必将大有作为的时代。广州注册会计师行业将继续以习近平总书记新时代中国特色社会主义思想为指引，深入学习贯彻十九大精神，在各级党委的坚强领导下，不忘初心，牢记使命，锐意进取，奋勇争先，始终坚持以服务国家建设为主题，以服务经济、服务市场、服务客户为核心，以诚信建设为主线，重视对国家方针政策的把握，重视对新技术和新业态的学习，积极拓展业务范围，提高业务承接能力，或做大做强，或做精做专，以过硬的专业服务能力、良好的行业形象为需求多元的客户提供多层次、全方位的专业服务，助力国家经济发展和社会进步，推进广州地区枢纽型网络城市建设，提高广州地区经济发展质量，促进和保障广州作为重要中心城市的引领和带动作用的发挥。乘决胜全面建成小康社会、加快建设社会主义现代化国家的时代东风，广州注册会计师行业必将在新时代焕发出新的勃勃生机！

后 记

为全面展示广州地区注册会计师行业发展的状况，探索行业发展的规律，展望行业未来发展的前景，我们对2013—2017年广州地区注册会计师行业的任职资格、会费收缴、业务报备、注册会计师考试等数据进行了全面梳理，编写了《广州注册会计师行业发展报告（2017）》。报告采用统计分析与文字阐述相结合的方式，重视统计规律和行业实践的结合，力求如实地反映广州地区注册会计师行业发展的全貌，客观分析行业发展面临的机遇与挑战，提出行业发展的策略和建议，以期为政府管理部门、行业机构及社会各界提供参考。

《广州注册会计师行业发展报告（2017）》是广州地区注册会计师行业发布的首份行业发展报告。今后我们还会根据行业发展情况，阶段性地发布行业发展报告及相关的专题报告，期望发展报告（专题报告）能够成为展示广州地区注册会计师行业发展成果的新载体，在总结和探索行业演进规律的基础上，为行业未来的科学发展提供历史借鉴。

《广州注册会计师行业发展报告（2017）》由暨南大学管理学院会计学系教授朱滔、信永中和会计师事务所广州分所首席合伙人陈锦棋担任主编，蒋洪峰、王斌、蒋建平、何仕民对报告相关编目进行了审核，黎子英、王韶华、闫进安、王逢荣、黄寅、沈海明、邹丽明、张军、谭毅松、李健强、黎文靖、饶品贵、李泳茹、袁英红、朱子放、胡坚等同志对报告初稿提出了许多宝贵的修改意见和建议。此外，在报告撰写过程中，我们还得到了广东省证监局、广州市财政局、广州市国资委、广东省注册会计师协会、暨南大学等单位的大力协助，收到来自185家会计师事务所的问卷反馈、30余家会计师事务所参与的座谈调研，暨南大学会计系会计硕士（MPAcc）研究生吴戈、侯凯、周东颖、王祎然、周健、刘佳辉、丁月蓉、刘媛媛、肖黎婕、徐思媛、陈昱冲、林健、纪晨和吴洁全程参与了项目的调研和座谈，并撰写了部分内容，在此表示衷心感谢。最后，特别致谢暨南大学校长宋献中教授拨冗为本书作序。

本报告还存在许多不完善或者不尽如人意的地方，我们真诚地希望业内专家和广大读者提出宝贵的意见和建议，我们将在今后的报告编写中加以吸收和改进。

编写组

2018 年 8 月

广州地区注册会计师行业大事记

1 1981 年 2 月，广州地区成立第一家会计师事务所。

2 1995 年 1 月，广州注册会计师协会成立，第一次会员代表大会召开，选举产生第一届理事会。

3 1997 年 5 月，广州注册会计师协会与广州社会审计协会合并，召开特别代表大会，选举产生广州注册会计师协会第二届理事会。

4 1998 年 12 月，广州地区会计师事务所全部实行脱钩改制，成为由注册会计师发起设立的有限责任公司或是合伙企业。

5 2000 年 6 月，广州注册会计师协会网站开通。

6 2000 年 10 月，广州注册会计师行业党委成立。

7 2002 年 7 月，广州注册会计师行业会员管理系统正式运行。

8 2002 年 10 月，广州注册会计师行业工会成立。

9 2003 年 7 月，广州注册会计师行业网络实时业务报备系统正式运行。

10 2004 年 5 月，广州注册会计师协会被广州市委、市政府评为“文明窗口单位”。

11 2004 年 8 月，广州注册会计师协会第三次会员代表大会召开，选举产生第三届理事会。

⑫ 2004 年 11 月，广州注册会计师行业团委成立。

⑬ 2004 年 12 月，广州注册会计师协会被民政部授予“全国先进民间组织”光荣称号。

⑭ 2005 年 1 月，广州注册会计师协会被广东省民政厅授予“全省先进民间组织”光荣称号。

⑮ 2007 年 8 月，广州地区会计师事务所签订《广州注册会计师行业诚信自律公约》。

⑯ 2008 年 8 月，广州注册会计师协会被广州市委、市政府授予“广州市抗震救灾先进集体”光荣称号。

⑰ 2009 年 7 月，广州注册会计师协会第四次会员代表大会召开，选举产生第四届理事会。

⑱ 2010 年 8 月，广州注册会计师行业工会被广州市总工会授予“先进职工之家”荣誉称号。

⑲ 2010 年 11 月，行业第三次党员代表大会选举产生第三届行业党委。

⑳ 2011 年 3 月，会员管理系统与业务实施报备系统升级整合为“广州注册会计师电子报告中心”，并成功立项成为广州市财政投资信息化项目。

㉑ 2011 年 3 月，广州市委、市政府授予广州注册会计师协会“文明窗口”称号。

㉒ 2011 年 6 月，广州注册会计师协会获得“羊城慈善奖”的殊荣。

㉓ 2011 年 7 月，行业党委举办“建党九十周年”文艺会演。

㉔ 2012 年 1 月 1 日，《关于会计师事务所服务收费有关问题的通知》（粤价〔2011〕313 号）实行，行业服务收费得到进一步规范。

㉕ 2013 年 1 月 1 日，会员管理系统与业务实时报备系统升级整合，广州注册会计师电子报告系统全面运行。

㉖ 2014 年 8 月，广州注册会计师协会第五次会员代表大会召开，选举产生第五届理事会、监事会。

㉗ 2015 年 1 月，广州注册会计师协会成立二十周年。

㉘ 2015 年 12 月，受市慈善组织社会监督委员会委托，协会组织编写的《广州市慈善组织监督审计指引》获准通过，于 2016 年 6 月进行新闻发布，将行业利用专业优势，促进慈善组织健康发展、提升慈善组织财务信息的公开性和运营的透明度落到了实处。

㉙ 2016 年 7 月，行业党委荣获“广州市社会组织优秀党组织”光荣称号。

㉚ 2016 年 8 月 26 日，胜利召开中国共产党广州市注册会计师协会行业第四次代表大会。

㉛ 2016 年 10 月 26 日，市委常委市委统战部部长卢一先同志到协会进行调研。

㉜ 2016 年 11 月 29 日，广州市新的社会阶层人士联谊会注册会计师行业分会成立并揭牌，分会的成立对激发党外知识分子发挥注册会计师行业的诚信自律和创新精神，促进广州经济发展和社会进步产生积极作用和深远影响。

㉝ 2016 年 12 月，行业党委批准成立普华永道中天会计师事务所广州分所基层党委。

34 2016 年，行业党委成功推选一名市级党代表、两名市级政协委员及三名市级人大代表。

35 2016 年，广州注协荣获 2016 年度“广州市优秀社会组织”光荣称号。

36 2017 年 4 月 29 日，广州注协与广州市律师协会签订战略合作协议。

37 2017 年 6 月 2 日，广州注协举办首届粤港澳高校会计商业知识竞赛。

38 2017 年 10 月，由暨南大学专家执笔，撰写《广州注册会计师行业发展报告（2017）》。

39 2017 年 11 月，广州注协联合各大高校成功举办会计师事务所高校大学城专场招聘会。

40 2017 年 9 月，广州注协举办穗港“审计技术创新与未来——人工智能对审计的影响”主题论坛。

41 2017 年，在市委统战部、市财政局党委的关心重视下，行业产生了一名市级党代表、三名市人大代表和两名市政协委员。这是行业在历届市级党代会、人大、政协中席位最多的一次，行业代表的当选充分体现了广州各界对行业全力服务建设地方所做出的突出贡献的普遍认可，也为行业进一步为广州经济社会发展建言献策创造了条件。